不在纸上的教育

许云杰◎著

中国青年出版社

1 | 2
————
3

1、大人生活中的小事，实际上可是孩子的大事
2、没有卡车，澳洲就没有未来
3、一所不为华人所知的小学，实际却是国际知名度颇高的IB课程
（国际文凭课程）小学

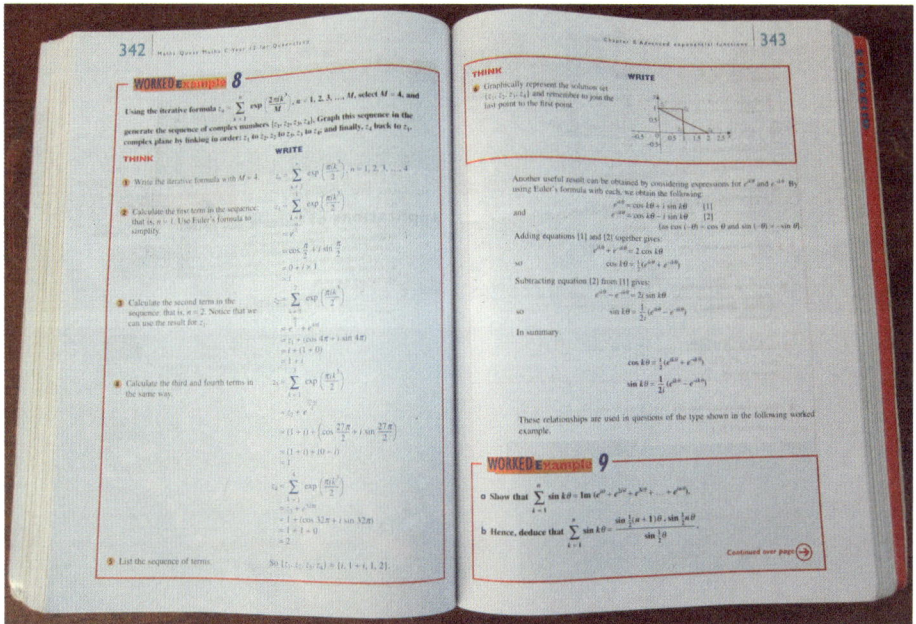

1、澳洲的数学教科书
2、澳洲的精细木工
3、只是换电表的小工程都得包得严严实实
4、干净的小学厕所

1、孩子们自己学习做的手工蛋糕

2、成功拉花最大的秘诀，就是持续地练习

3、琳琅满目的木工DIY免费出版物

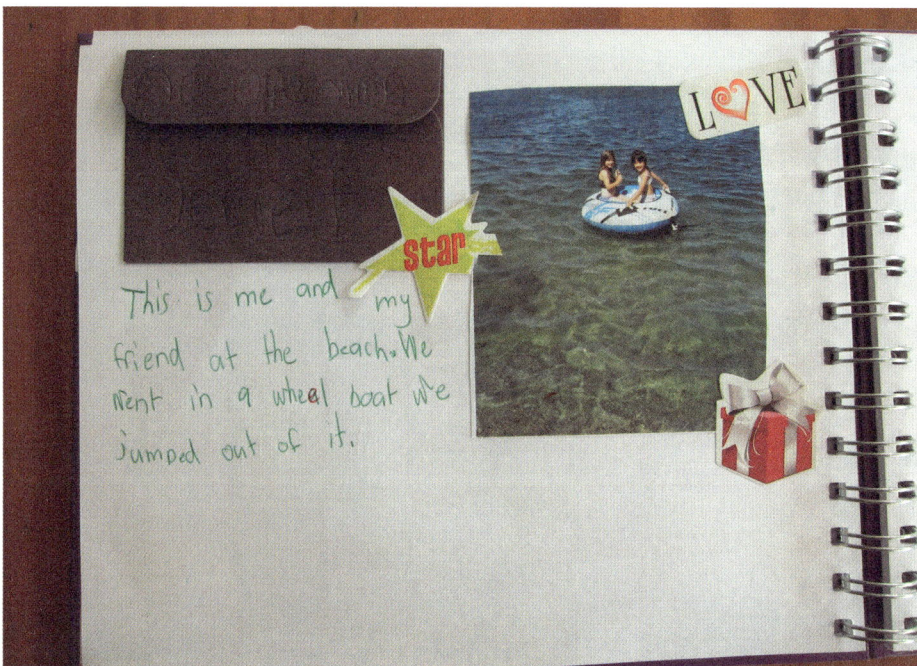

This is me and my
friend at the beach. We
went in a wheel boat we
jumped out of it.

LOVE

star

1、小学的露天音乐会

2、学生自己做的花束

3、女儿为了准备"SHOW AND TELL"自己规划的剪贴本

1	2
3	

1
2 | 3 | 4

1、家长们自己做的义卖食品
2、设施安全的篱笆
3、一张桌子，一张椅子，有时候就能起到很大的作用
4、6岁的孩子已经学会很多事

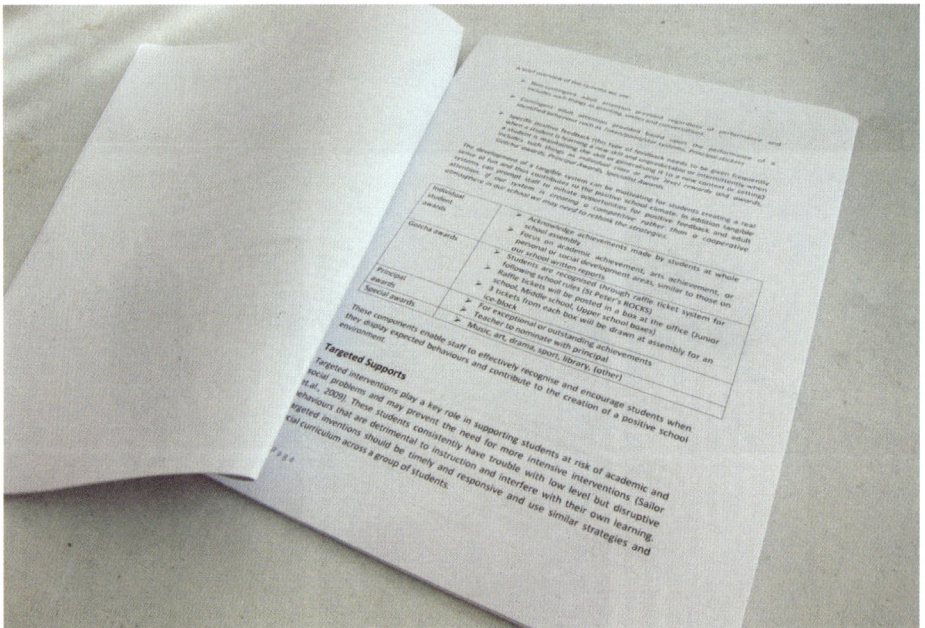

1、孩子会兴致勃勃地整理属于她的角落

2、走在募捐路上的女儿

3、40页左右的文件，是小学老师要处罚学生前该了解的知识

1、社区图书馆一角

2、在主题乐园的游玩中动手完成作业

3、公园里的烧烤台，我们还没洗过

1、整洁的海滩
2、整齐的工具
3、凡事都喜欢亲自动手做

跳脱固有思维，
找寻对孩子最好的教养方式

我挺怀念小时候，生活虽很辛苦，却很简单。生活里最大的娱乐，无非就是趁着父母在补习班打拼教书时，和哥哥姐姐在电视机前面"偷"看电视，或是半夜躲在被窝里看金庸小说，享受张无忌练成九阳神功，出关大战六大门派的热血沸腾。那个时候，被揍得也挺辛苦，尤其是在学校里，考差了，得按分"被揍"。那时候的教育，虽然不完美，但目标很简单。人生与学习也挺单纯的，想往技能型的工作走，就念专科，要往学术型的工作走，则念大学。

后来，随着社会变迁，许多留学生带回来的教育改革经验，给了我们不同的信息，认识也越来越多元化。各式各样的媒体杂志，充斥在身边。后来，体罚废除了。之前的联考制度，现在改成什么样子，其实我也不是太清楚。只知道，在那个年代，甚至到现在，外国的许多教育制度，都被包装得非常美好。例如，孤陋寡闻的我一直以为外国人都是不打小孩的。

很多观念是在移居澳洲后开始改变的。移居澳洲，深入这里的教育行业后，我才猛然发现，好像很多事情和小时候所接受的观念，其实是不太相同的。"读万卷书，不如行万里路"这句话，一直到了在国外生活时，我才有非常深刻的体会。很多事情，即使传输工具与通信再怎么发达，真的也比不上身临其境，亲自生活的品味与感受。

举例来说，外国人不打小孩？其实，澳洲人一直到了约莫二十世纪九十年代，才正式立法通过零体罚。立法以前，照揍。再说联考制度的优劣，澳洲有六大州，学术水平比较高的两大州，到目前为止，还是采用大考制度配合大学申请制度。澳洲的大考制度，跟早期的台湾联考制度相比，换汤不换药，一样是一考定大学。

再后来，当了孩子的老爸，我才真实感受到，教养是挺复杂又有趣的一门学问。说复杂，教养孩子牵扯到教育制度、心理学、生理学，甚至牵扯到环境，讨论到环境工程……举例来说，我曾经看过一本"专家"写的书，问的问题很简单："当我们正在忙着工作时，孩子不断问你问题，怎么办？"这个问题，其实没有标准答案，只能通过这样的问题让家长去反思自己是什么类型的家长。或是，你想教出什么样的孩子。

当然，教养是相当有趣的。每天尽管被孩子搞得非常疲累，但孩子一个可爱的笑容，无意间的动作，绝对会让你心中莞尔，放下身心的许多疲惫。

因此，我认为，不管是官方教育者还是父母，最重要的就是不要迷失。不要迷失在固有的思维或是特定的模式中，如此才有办法时时反省，时时学习，找出对自己和家庭最好的教养方式。

也因为这样，与其粗略地去比较或崇拜外国的教育制度，将固有的思维灌输给读者，我最想做的，其实是分享在国外教养孩子的许多故事，以及这些故事给我的启示。

教养孩子是件很愉快、令人充满正面力量的事情。尤其是当自己的孩子能够独立自主，有自我学习与探索能力的时候，我想，那是一件很令父母高兴的事。谨把在澳洲学习到的启示，分享给大家。

目　录

当个客观的爹

有些事情，对大人而言，也许是小事，但对孩子，可能是仅次于他生命的大事。

曾经在网络上看过一则武松打虎的另类故事，说实话，我已经忘了从何而来。上网查询了一下，也似乎没有找到出处，所以就把这个故事用自己的话陈述出来。这是一则让我印象非常深刻的故事。

故事大意是这样，自从武松打虎之后，景阳冈的邻近村子便把打老虎当作是优秀猎人的象征。多年后，景阳冈邻近的一个村子里，有一位孔武有力的男孩长大了，到了这位男孩成年礼的那一天，按照村子的风俗，他必须入山打死一只老虎。但是那几年，因为打老虎的风气实在太盛行了，附近山中的老虎几乎已经绝迹，男孩在山里绕了好几天，找了又找，就是找不到老虎，却打死了龙、凤、麒麟等传说中才有的神兽，但就是打不到一只老虎。

男孩失望地回到村子里，因为村子里的人都不认识龙、凤、麒麟等神兽，所以男孩没有办法当选村庄中的优秀猎人。男孩很难过，他的父母也非常失望。

这故事当然是杜撰的，之后的故事我倒是忘记了，但是这个桥段，却一直在我的脑海里盘旋。这个故事给我的教训是，作为一个父亲，我的思考模式、观念，甚至行为，对孩子的影响是非常深远的。如果那个男孩的父母其中的一位，在他回村后，能给孩子一点点的鼓励，或是再多那么一点常识，那个男孩的世界往后一定变得不一样。废话，连龙都打死了，还打不死一只老虎吗？

再次回想起这个故事，是在我移居澳洲三年，并且当了一个孩子的爹后。

当了孩子的爹以后，我发现自己的生命有了一个极大的转变。我得学会承担许多原本和我八竿子打不着的责任，还多了许多单身时从不会想到的事情。而且，孩子的这些事情，从养到教，都得我自己做决策。

可大可小的意思是，有些事情，对大人而言，也许是小事，但对孩子，可能是仅次于他生命的大事。甚至有时候，即使那件事真的是小事，但你一旦漠视不管，孩子绝对会把它变成大事。

这些大大小小的事情包括：

早餐吃什么？

今天孩子要穿什么衣服？

孩子绑什么发型？（这件事绝对不干我的事，做做早餐法式蛋饼

就算了，给女孩子绑头发这件事，请找孩子她娘负责。）

上哪家游泳课？

隔壁家庭的三姑六婆都让孩子学钢琴，自己的孩子学不学？去哪儿找孩子的钢琴课老师？孩子得念哪所学校？公立的还是私立的？学校老师好吗？

数不清楚的大事小事，以下请自行类推……

每一件事都表示父母们得做决策，决策做得好，家庭和乐，幸福美满。决策做得不好，嘿嘿……

对于这些结果的决策，其实都来自于自己的观念与常识，结果的好坏真的不能怪别人，其实也没人可以怪。就算是道听途说，最后下决策的不总是自己？套一句忘了是哪个朋友分享给我的一句话："自己的小孩功课不好，怪谁？学校是你挑的，补习班是你自己找的，更重要的是，不管是否心甘情愿，钱是我们自己付的。"

既然决策很重要，那么我们自己的经验，周围环境中的人、事、物绝对非常的重要，因为那是我们下决定参考的依据。

但是搬到澳洲后，偏偏举目无亲，突然间，以前成长的环境与事物完全不再熟悉，一切都得自行摸索。虽然，认识的朋友也许会给我们许多宝贵的意见，媒体与杂志可以给我们许多信息，教养书可以帮我们了解孩子，但是每每总是等到事后，我才猛然发现，许多真正的事实，仍然得自己亲身观察、体验、实际了解，才容易找出对自己与孩子们最好的路。道听途说，永远是放在最后的一个选项。

举例来说，我们总是觉得，因为媒体大事报道中国台湾学生在 PISA 评比中表现优秀，所以就概括地认为东方人的数理比西方人强；又因为常接触到美国文化，再加上补习班的渲染，总是认为美国英语是最具代表性的英语；或者看外国的教育如此轻松自然，就笼统地认为外国人似乎都不用补习……上述许多概括的印象，都在澳洲生活过一段时间后，完全破碎。

在我到澳洲一阵子后，我收到了澳洲教育送给我的第一个礼物——当一个客观的爹。

在统计学上，当样本数不够大或是取样偏颇的时候，统计结果常常会出现谬误，有时还会差之千里，与事实完全不相符。

这个理论说明了一件人生中很重要的课题——当我们在做决策的时候，少数人、少数事件，可供参考，但绝不能完全作为决策的依据。

这个观念我很早就懂了，却是在来到澳洲，当了父亲后，才将这种认识和人生结合起来，说起来，希望还不算太晚。

澳洲著名的教养书《与孩子一起规划》作者尼科尔·艾弗里：

　　身为父母，我把谨慎的计划当作孩子们安全的毛毯。当我被每天生活中的琐事淹没时，我用谨慎的规划织起孩子们的学校琐事、课后辅导、烹煮与清洁等活动。

原来，别人的数学并不差

亚洲式课程编排的好处，是单一学期或学年教的主题少，课程集中，教科书或讲义编排也容易，对教师或学生而言，主题明确。但缺点是，就整体而言，有时单一主题过难，容易造成中等偏下的学生跟不上进度。

华人们，每当提起自己的数学教育，尽管批评与议论甚多，但一定会自豪于孩子们的数理学习，远比西方国家优秀，陶醉于自己的小孩在数理表现上的优秀。这个氛围，一直洋溢在我周围成长的环境里。

我们接收到的信息，大多来自三个方面，一是中国台湾学生在几个知名的国际大型评价（例如PISA）中，总是名列世界前茅。要不就是，许多常去西方世界旅游的朋友，常常提起西方人的算术是多么的差劲，在超市或游乐场买东西时，连最基本的12+9都得用计算机才算得出来。更有甚者，就是许多移民国外的家长侃侃而谈，认为外国的数学是多么的简单，他们的孩子在中国台湾小学四年级或小学五年级学习的东西，在海外，六年级才学习得到。

我的这种观念，直到开始深入澳洲当地的教育环境，才猛然破碎。

拿两个高中数学题目来比较吧。

一个题目是：

解初值问题，$\begin{cases} \cos x = \dfrac{dy}{dx} \, y\sin x + \sin(2x) \\ y(0)=1 \end{cases}$。

另一个题目是：

利用分部积分，求 $\int \sin^n x \cos^m x \, dx$。

这两个题目在澳洲，分别是一所公立高中与私立高中十二年级教科书里的题目。难不难？旁边找个高中生请他做做看就知道了。

这些题目，老实说，并不比中国台湾的高中数学简单，更有甚者，澳洲的高中生，还必须学会操作工程用计算机，练习写程序，这些孩子在数学的学习上，一点都不差。

后来我才知道，一切美妙的误会，都来自于两国不同的课程规划制度。

举例来说，以高中三角函数与指、对数为例，亚洲学校的数学教育，大略会这样规划：

高中二年级	三角函数1	三角函数2	三角函数3	其他1	其他2	其他3
高中一年级	指、对数1	指、对数2	指、对数3	其他1	其他2	其他3

而澳洲学校的三角函数与指、对数，大约会以下表方式安排：

十二年级	三角函数3	指、对数3	其他3	其他3	其他3
十一年级	三角函数2	指、对数2	其他2	其他2	其他2
十年级	三角函数1	指、对数1	其他1	其他1	其他1

　　亚洲的方式比较倾向主题式，也就是说同一个主题，会尽量设计在同一个学年或学期。而澳洲不是，明明一个主题，却会将它细拆成三个部分，一年学一小部分，但是一个学期或学年，比起亚洲的学校编排，学生会学到较多的主题。

　　亚洲式课程编排的好处，是单一学期或学年教的主题少，课程集中，教科书或讲义编排也容易，对教师或学生而言，主题明确。但缺点是，就整体而言，有时单一主题过难，容易造成中等偏下的学生跟不上进度。

　　而澳洲式的优点，对中等及偏下的学生比较适合，循序渐进。但相对的缺点是对优秀学生不甚公平，数理很好的学生，常常觉得数学过于简单，而且课程拆得太细，教师备课相当累，跨校之间的课程衔接与安排容易混乱（如果学校的校长与老师太混的话）。

　　因为课程设计的不同造成的误会，许多人会想当然地认为"我孩子在中国台湾高一学习的东西，在这里竟然要高二或高三才学习得到，澳洲的数学程度真差"。这种想法，其实并不客观。在中国台湾的高中一年级，就学完了指、对数该学的内容，而在澳洲，却分成三年来学，这中间，到底孰优孰劣，也真的很难区分。

此外，澳洲的数学，到了高年级后采用选修制度，学生可以依据所要申请的科系选修难度不同的数学。因为是选修制度，有些课程已经与大学接轨，学生不但要懂数学理念，还必须具有极强的专案执行能力与报告能力。

因此，到底亚洲的数学好还是西方的数学好，客观而言，确实很难比较。

这只是一个小小的发现，却是大大影响到我自己对孩子在教育上的转变。而且，这个小小的发现，让我更加了解到，在替孩子们做决策前，父母们知识的来源，不该是通过三姑六婆的以讹传讹，而应该是通过自己实际的了解与访查，这样才能得出比较客观的资料。

> 美国著名的教养书《父母的觉醒》作者、知名心理学家沙法丽·萨巴瑞：
>
> 父母的认知是影响孩子的关键。

对评价的态度

学习是必须长期且持续的，如果家长们真的相当重视孩子们的学业成绩，最好的方法就是养成孩子们良好的学习习惯，规律、持续，并且有恒心。

朋友孩子的学校校长，发了一封信函给学校所有的家长，大家才辗转得知有这回事。

阿花，名字当然是假的，是一个华裔的移民，移民前，她曾是该国资深的初中老师，移民后，除了相夫教子，就是每天与街坊邻居组织"贵妇泡茶团"。

澳洲的学校，通常都不太大，其实校长与家长的距离，并不是太远，许多行政事务常常都是校长们身体力行，因此阿花常常在接送孩子的时候，能够遇到校长。有时校长不忙的时候，还会与阿花寒暄几句。

澳洲的中小学，有两个著名的测试，一个叫作NAPLAN（The National Assessment Program – Literacy and Numeracy），专门针对澳洲全国三年级、五年级、七年级以及九年级的孩子测试文字与数字能力。

另一个叫作ICAS（The International Competitions and Assessments for Schools），是澳洲一个国际非营利机构举办的测试，对象以澳洲为主，还包括世界二十几个国家的学生，每年都会举办。

阿花非常重视孩子的学业成绩，因此常常跑去找校长，建议校长在学校图书馆里多买些有关NAPLAN和ICAS测试的书，有时候还特地带着她自己买的考试题库，拿去供校长"参考"。

有一天，学校的校刊刊登了一封校长给家长们的信。

亲爱的家长们：

很感谢许多家长对于孩子们学业成绩的重视，尤其是针对NAPLAN考试与ICAS考试。

我想要与你们分享的是，关于NAPLAN考试与ICAS考试，我们也相当重视，但是我们并不建议家长们对这两个考试过度紧张与焦虑。

NAPLAN与ICAS是在测试孩子们在数字与文字上的能力，这些测试存在的目的，主要是提供给政府、学校与家长们一个参考指标，作为我们改进教学方法的一个参考。

学生们在这些考试中表现不好，并不代表学生们不好，我们必须找出学生们表现不好的原因。如果学生们整体表现不好，可能代表学校与老师们必须修改教学的方法与态度，如果个别学生的成绩与平均成绩有很大的落差，也许问题出在孩子们自身的态度与家庭。不管如何，我们可以把这些评价当作家长们学习的参考。这些评价是给我们

参考与检讨用的，而不是要比较学生们的优劣。

有鉴于此，我建议学生们在考试前保持正常的心态即可，并不需要过度地焦虑与准备。市面上有在贩售准备这些测试的书，如果学生与家长们有兴趣，可以去买来练习。但是平心而论，这些考试是没办法在短时间内准备好的，因为它们测试的范围是全面性的。

有家长要求校方帮助孩子们准备NAPLAN考试，我想是因为这些家长对NAPLAN考试有一个很大的误解。NAPLAN的考试，是测试孩子们数字与文字上的能力，什么叫数字与文字？我们每天在教授孩子们的功课，就是在数字与文字的范围内，狭义地说，英文、阅读与数学课可以是数字与文字最典型的代表；广义地说，所有的科目都是在训练孩子们数字与文字的能力。学习是必须长期且持续的，如果家长们真的相当重视孩子们的学业成绩，最好的方法就是养成孩子们良好的学习习惯，规律、持续，并且有恒心……

并不是澳洲的学校或校长都不让学生准备NAPLAN考试，只是以最正常的情况去考试。我们接触过许多学校，认识许多校长，一样非常重视这些评比，会在考试前让学生大量地练习考题，希望学校取得好的成绩。

尽管一样非常重视评比，但是仔细观察，仍会发现亚裔的教育文化与西方的教育文化，在对评价的认知上存在着很大的差异。在传统澳籍教育者的眼中，评价的结果主要是用来参考的，是让教育者（包括家长们）检讨与改进的依据。但在许多亚裔的家长眼中，评价的分数不仅仅是参考，有时候会变质成一种荣耀与名声。说谁对？其实很难有一个标准。但作为家长，我脑袋里一直回响的是校长的那段话：

学习是必须长期且持续的，如果家长们真的相当重视孩子们的学业成绩，最好的方法就是养成孩子们良好的学习习惯，规律、持续，并且有恒心。

澳洲著名的教养书《养育男孩》作者、知名心理学家史蒂夫·比达尔夫：

我们的态度与常识，常常在不自觉中影响孩子。

补习啊！补习！

不像许多华人孩子的补习，很多都是因为"父母听别人建议"。澳洲人的补习，大多是因为孩子们"需要"。

想特地聊一下澳洲辅导市场，是因为我在很多场合，听到许多华人妈妈的抱怨。有些妈妈移民的原因，竟然是"以为老外（指澳洲人）都是不需要补习的，所以才跑来移民，想让孩子们在国外受教育轻松点，哪知道……"有些妈妈则是"看老外都不太补习，所以也跟着不补习"。更有些妈妈则是"身边的华人妈妈都要孩子去补习，所以也跟着一窝蜂去补习"。其实，在澳洲，孩子要怎么教养，父母们要有自己的想法。

很多父母总是认为西方人的教育，非常轻松自然，整体的社会环境中，孩子似乎不怎么补习。其实，这个观念未必是完全正确的。

根据2011年澳洲报纸《澳洲人报》的报道数据，估计澳洲的家教市场有超过60亿澳币的商机，文中还强调，这个市值依然是被低估的。所以，澳洲人似乎也挺会补习的。只是，澳洲人不用"补习"这个名词，他们称之为"课后活动"。

澳洲人的课后活动其实相当多，随口列举一下：数学、英文、物理、化学、生物、网球、游泳、健身、跆拳道、中国武术、画画、钢琴、小提琴、击鼓、舞蹈等。

但是，为什么很多华人的父母，常常会有"外国人不太补习"的这种认知呢？关于这一点，比较澳洲与中国台湾两地，我发现可以从三个不同的方面去讨论。

首先，澳洲人对于职业的认知不同。传统的澳洲人，对于职业，并没有很强烈的贵贱区别。在职业选择上，澳洲人更重视的是"能不能享受职业"的观念。因此，澳洲人并不会"一窝蜂"地往某个行业去钻营，没有相对拥挤的市场，家长们自然就没有"一窝蜂"的补习需求。也就是说，辅导的需求并不是没有，只是科目被分散开来，不像很多亚洲国家，会相对集中在文理等学科方面。因此，在整个市场上，很少看到非常大型的补习班，取而代之的，多是地域性极强的家教班。

其次，不像许多华人孩子的补习，很多都是因为"父母听别人建议"。澳洲人的补习，大多是因为孩子们"需要"，因此，澳洲人相当重视实际与问题解决的需求。澳洲人认为，知识的传授与教养是分开的。知识的传授是教师的责任，而良好的教养应该是在父母的责任范围内。因此，老师，其实更像是"知识与训练"的提供者，而学生

与家长，则是"知识与训练"的购买者。

这种"买卖观念"的存在，让澳洲对老师这个行业，与华人圈有截然不同的认知。孰优孰劣，很难比较。在澳洲，对老师，社会上其实少了一种华人传统上尊师重道的氛围，但从另一方面思考，因为不过度地依赖老师，传统的澳洲家长们对于辅导的选择，却多了一份理性与客观的思考。华人圈里，许多辅导机构华美的广告词，诸如"天才"或是"速成"之类，其实很难吸引这些传统的澳洲父母。

最后，跟澳洲教育中课程制度的设计有关。澳洲教育的课程编排，像叠积木一样层层堆叠。因此，这种课程设计方式，很容易产生一种情形，就是同样的年级，在同样的时间，因为课程设计的不同，学校会教授不同的主题。

举例来说，同样是物理学科，在十一年级下学期，十月份的时候，有些学校的主题会是电学，有些学校的主题却是波。电学与波，是两个完全独立且不同的内容。这种情形，普遍发生在各个学科中，包括英文、数学、化学等。又如，一样是九年级的数学学科，同样的学期月份，有的学校在学几何三角形的全等，有的在教二元一次方程式，学画抛物线。虽然都是在画画，抱歉，内容却是天差地远。

因为每个学校的课程规划不同，因此普遍的情况下，澳洲学生在有需求的时候，更容易倾向一对一的家教制，或是一对多的小班制。教师可以针对孩子的个别需求，去"解决问题"。

也因为上述这种状况，可以很清楚地解释，为什么西方的补习班，大多都只能以家教或小班制的方式存在。而在亚洲，却常常有一班数百人，甚至一班数千人用录影机同步连线上课的方式存在。东方与西方截然不同的课后辅导模式，其实只是因为东方教育与西方教育截然不同的课程设计方式而已。

　　传统的澳洲人，其实和亚洲人没什么不同。希望孩子们往学术专业走的父母们，一样会给孩子们请家教，找许多英文和数学方面的课后活动。没有上述期望的父母，一样是让孩子们轻松自然地成长，没有承担过多的学习压力。最大的不同，是整个社会没有"一窝蜂"的补习效应。澳洲父母更能了解自己孩子的需要，做出对自己家庭最适合的决定。

澳洲著名的经济学家彼得·贝文：

　　最大的经济效用，通常来自最适合自己的生活。

客观地选校

因为没有教科书，校长和老师变得相对重要。去参访学校的时候，我们没办法把学校的教学材料当作参考的依据，只能自己多收集资料，通过实际的拜访，通过老师与校长的说明与引领，去多了解学校。

什么是客观？我自己给客观做了个注解："听别人说完，记得去实际求证与分析，再做出对自己最好的决策。"

很多教养方面的书一直在强调西方教育的优点，这一点，我也是相当赞同的。但是，我认为，许多书里的描写，是大约的、平均的，或是整体的。一个国家整体而言优秀，并不代表那个国家的个体就是完美或是第一。

举例来说，芬兰的数学教育曾在PISA评比中拿下世界第一，远超美国。但是许多顶尖的数学家，却都是在美国发光发热。怎么比较芬兰与美国的数学教育呢？根本不能比较，只能做评价与分析。很简单，芬兰只有五百多万人口，美国足足有三亿多人口，硬去主观地比较两国的教育，本身就已经不是很客观。那就好像，擅长教小班级与大班级的老师，比赛谁比较会教书，根本没办法比，因为小班级与大班级的教学方法一定不一样。

同样的道理，在澳洲也一样适用。

澳洲的学校，在许多方面跟亚洲没什么不同，一样有很好的学校，也有校长和老师很不负责任的学校。我对这里的教育一直抱有正面的态度，但这是指平均与整体而言，并不是告诉家长们，每所学校都非常完美。

因此，在这里，父母帮孩子选学校，仍然是一件大事。

很多朋友在替孩子们选学校的时候，最直接与简单的方法就是"听人家说"。当然，听人家说完，孩子送去，就结束了。"家长说明会，太忙，不能去"，"孩子在学什么，不知道"，"学校老师好不好，知之不详"，"孩子学不好，因为遇到坏老师"，"孩子功课太差，因为他太笨，怎么都不像自己呢？"等等。他们却不知道，名校里，一样会有不胜任的老师，名声不显的学校里，可能也会有适合孩子的好老师。

澳洲的学校，尤其是小学，一般是没有教科书的。许多学校的学生也大都不带文具与书本回家。这里的小学生，从学前班开始，就习惯自己背着一个大大的书包，里面装得满满的，装什么？早茶的点心、午餐餐盒、午茶的点心、游泳衣、运动服、表演道具、故事书

等，里头硬是没有课本。

因为没有教科书，校长和老师变得相对重要。去参访学校的时候，我们没办法把学校的教学材料当作参考的依据，只能自己多收集资料，通过实际的拜访，通过老师与校长的说明与引领，去多了解学校。

我至今记得帮女儿选小学的故事。

在我们家附近，有两所私立小学，一所是基督教的私立小学，学费很贵；一所是天主教的学校，学费很便宜。两所学校的学费，大约是三比一的比例。

我一直没搞清楚，为什么在澳洲我所遇到的学校，基督教的私立学校学费会偏贵，而天主教的学校学费相对较便宜。我没做过考证，所以请当作参考就好。

两校的学费差距不少，而且距离非常近，大约只相差一公里，但是在华人圈的声望却是相差颇大。很贵的基督教学校声名很旺，相对便宜的天主教学校却是乏人问津，但在传统澳洲人中的名望还不错。在朋友分别介绍给我们这两所学校后，我们特地去做了实地的拜访，了解校长、环境与学校背景等。

两所学校其实学术背景相差不大，比较贵的学校能提供学生更多的艺术舞台，投资与广告较多，而且国际学生比例较高，当然学费差异颇大。后来，我们选了相对便宜的天主教学校，一年的学费差额是五千多元澳币。

除了经济上的节省，我发现那所学校对自己的女儿还有意想不到的好处。因为整个学校几乎没有亚洲人，在学校里，女儿完全没有讲中文的空间，这样的环境反而让她在英文的学习上突飞猛进，比起同年龄的移民小孩，更能融入澳洲的社会环境。

反而是选了那所名校的一些父母，后来有点后悔只是听朋友的介绍，就贸然将孩子送去就读，而自己家庭的生活模式却不需要该校的资源。

毕竟，五千多元的澳币差价，对澳洲的中产阶级来说，已算是一笔可观的预算。

此外，因为太多留学生与华人处在同一所名校，这些孩子的主要朋友群还是华人，造成许多孩子到了小学五年级或六年级，纷纷产生英语学习上的问题。这是当初父母们始料未及的。这些父母在发现问题后，设法让孩子们转校时，却往往又因为孩子已经建立了朋友圈，又面临着不同的教养问题。这是我后来观察到的情况，给了我相当大的触动。

学会客观地观察每件事，然后才去做对自己最好的决策，是我在澳洲学到的第一件事，也是这个国家给我的第一份礼物。它摸不到，也看不清，却实实在在地影响着我们的生活。

作为父母，客观，真的是一个很重要的特质。

> 澳洲著名的教养书《养育男孩》作者、知名心理学家史蒂夫·比达尔夫：
>
> 保持平静与客观的态度是非常重要的，它往往能让你和孩子们解决许多问题。

第二章／专业

真正的专业

如果你是老师，大学毕业后也不上进，一辈子都不看书，来来去去就是几本教科书，孩子有问题也不知道怎么处理，只能靠小聪明糊弄过去，你敢告诉别人你很专业吗？

这件事其实发生在十年前，我刚到澳洲的时候。

我有一个澳洲籍的年长朋友，她有四个孩子。

老大是艺术博士，老二是金融界的高级主管，老三是建筑工人，老四是个焊接工人。四个儿子，从极端的白领到完全的蓝领。

这四个孩子，如果放在我的成长环境中，亲友家里的孩子们如果有这么大的职业落差，家长们大多会在和友人谈论孩子的时候，替老三和老四莫名加上几个头衔，最起码是工程师、工程主管之类的。要不，就是轻轻地将老三和老四的职业一语带过，将重点放在老大和老二身上。

但是，经过很长一段时间与这位老友的相处，我发现每当她兴致勃勃地聊到她四个孩子时，完全感受不到任何这种氛围。

有一天，和她闲话家常。

我问她："卡罗，难道你在史蒂芬和丹尼尔高中毕业时，不会想让他们往专业路线上走吗？""专业"我用的是Professional这个词。

卡罗愣了一下，疑惑地问我："专业？你的意思是？"她完全听不懂我的问句。虽然我自以为问得很清楚，但明显她听得很迷糊。

"就是进大学啊，当建筑师、医生、律师等比较具有专业性的工作。"我解释说，一边又在专业这个词上加了重音。

沉默了一会儿，卡罗回答我说："我了解你的意思了，你是说比较学术的路线吧。"说着，她在"学术"上加了很强的重音。她用的"学术"这个词，是指Academic。

接着，她又说："你讲的那些工作，因为比较理论，所以得进大学选读，但在我们澳洲人的观念里，不代表专业，那只是比较学术。"

"我们澳洲人所谓的专业，不是在于你做哪一行，而是在于能不能把你所做的工作做精、做好、做大。"

"史蒂芬和丹尼尔他们如果有办法，把他们的工作做得很好，自己开一家公司，做得很大，那不就是专业吗？"

她说完又忍不住补充道："丹尼尔的焊接技术，是他们公司最好的，他焊出来的焊缝，细到客户看不出来。"

老人的话匣子一开，就关不住：

"如果你是个医生，医学院毕业后就停止学习，有新药的知识也不知道，开给病人的来来去去就是那几种抗生素，你敢告诉别人你是

很专业的医生吗？

"如果你是老师，大学毕业后也不上进，一辈子都不看书，来来去去就是几本教科书，孩子有问题也不知道怎么处理，只能靠小聪明糊弄过去，你敢告诉别人你很专业吗？

"相反，即使你只是个泡咖啡的侍者，但你专科毕业后，努力学习咖啡的相关知识，泡出来的咖啡特别好喝，你不但自己能开店，还努力补充会计与财务知识，开放连锁加盟，变成成功的企业家，那怎么会不是专业？"

说着说着，卡罗讲得连口水都喷出来了。

虽然我有一种捅到马蜂窝的感觉，没想到一个随口的问题，竟然能让老人家这么激动，发表出洋洋洒洒的这么一大段话，但我真的不能否认，这是我到澳洲后，学到的最重要的一门功课。原来，我从小所接受的教育，和澳洲的教育，在对专业的定义上，竟然是如此天差地别。

发迹英国、成名于美国的电视人阿利斯泰尔·库克：

所谓专业，就是即使你不喜欢这份工作，但仍然把它做到最好。

木　匠

做什么有关系吗？重点是你得真心喜欢，不怕苦，想做就把它做好。

　　我很喜欢木制工艺品，在澳洲休假的大部分时间，我的足迹会遍布郊外的木工坊。因此了解到，澳洲人相当喜欢橡木，就像台湾人喜欢桧木，新西兰人喜欢芮木泪柏一样。

　　比尔是我在这段时间认识的一个朋友，他是一个专业的木匠，除了在一家营造公司工作外，还有一个自己的假日工作坊。我是在一个假日市集里认识他的。

　　澳洲的商店，大部分都是开在购物中心里面，就像亚洲国家的百货公司一样。许多人到澳洲旅游，会一直抱怨澳洲的物价昂贵，我想这些游客购物的景点，要不就是观光景点，要不就是购物中心。试想一下，在亚洲国家，在百货公司消费应该也是不便宜吧。

　　除了购物中心，澳洲还有许多市集，物价会相对便宜些，就像亚洲的传统市场一样，但是，大部分市集的营业时间不定，有些是每

天，有些则只在周六与周日营业。想要买到相对便宜的好东西，得在市集找。

我认识比尔，是在他的摊位买木制品开始的。后来，他邀请我们去参观他的工作坊，双方才有更密集的接触。

比尔这个人，特别是我到他们的工作坊参观后，让我有一种相当强烈的感受，就是他对所热爱事物表现出相当"专业"的态度。

这种感受从踏进他的工作坊就开始了。工作坊里琳琅满目的机器，摆放得整整齐齐，大小不同的机器，分类得相当清楚。更难能可贵的是，原本在我的认知里应该是满地木屑的工作坊，却是几乎一尘不染，看得我相当讶异。比尔见我这么惊讶，随手指了指角落里的一台机器，原来每次工作完毕，他一定会用那台吸尘器回收木屑，而回收的木屑则另有用途。

看完小小的工作坊，比尔就一边示范，一边解说如何制作一个木头碗盘。他一边解说每台机器的用途，一边制作，短短的一个多小时，我就看着一块木料逐渐变成一件工艺品。欣赏的过程中，伴随着他的解说，我才惊讶地发现，原来机器的摆设，不只是我设想的简单地按照大小分类，还牵涉到工艺品的制作中动线的流畅度等许多学问。这个示范真的让我感受到，知识与学问隐藏在每个行业的背后。

有一天，在一个炎热下午的聚会中，我和他聊天。

"比尔，你爸妈是从事哪一行业的？"在一个聊木制品的空当，因想更了解这个朋友多聊了几句。

"他们都是教师。我妈妈是音乐老师，我爸爸是化学老师，他原本是化学工程师。"他回答，一边用手指掰开一瓶啤酒，咕噜咕噜地喝了一大口。

"你兄弟姊妹呢？"我问。

"我姐姐是律师，我哥哥是会计师。"他随口回答。

"你姐姐是律师，你哥哥是会计师，你竟然当木匠？"虽然在澳洲这种事情挺常见，但我还是多少有一点讶异。

"那么，当你告诉他们你决定要当个木匠的时候，他们怎么说？"我问。

"我妈妈一开始也希望我去念法律或化学之类的，像爸爸一样，但后来她发觉我是真心喜欢木工时，反而挺赞成的。老爸则告诉我，孩子，要做就好好做，以后家里的房子方面的活都交给你了。"他回答说。

"而且我决定要当木匠以后，我父母是真的支持我。"带着点回忆，他流露出怀念的表情。我注意到他在"真"这个字上加了重音。

"什么意思？"我不太了解，脱口问道。

"怎么说呢？你知道的，有些父母会在表面上支持你，却在背后或心里一直碎碎念，他们所谓的支持，其实是管不动。"他想了想说。

"但是我的父母不是这样，他们是从心里信任与支持我，这得从很多细节去观察——像是帮我介绍客户、找资料、留意许多细节。应该

说，他们很了解我在做什么。"他拍了拍大腿，继续说。

"你全家都有大学学历，爸妈不会也希望你念大学吗？"在澳洲，其实大学算是高学历了，将近百分之七十的学生毕业会优先选择专科。

"做什么有关系吗？重点是你得真心喜欢，不怕苦，想做就把它做好。"说完，还举起他的左手，比了比手臂，上面刻画着许多疤痕，像是见证着他的丰功伟业。

我很乐于与他人分享比尔的故事。比尔的家庭，从他的父母到比尔自己，对专业都有一个良好的认知。因为我一直认为，在我成长的教育环境中，专业这两个字，被文字与华丽的数字渲染得太过了。对于专业的组成要素，不只是文字与数字，应该还包含对工作的尊重与态度。

澳洲著名的教养书《孩子、家庭和社区》：

　　如果你是一个相当有威严的父母，你的态度与言行的一致与否，会直接影响到孩子的成功与好坏。

没有卡车，澳洲没有未来

澳洲的各种职业，从社会宣传到培训的整个过程，都表现出一致的专业性，这才是澳洲各行业吸引人才的一个重要原因。

每天早晨，照惯例会带女儿上学，女儿念的学校位于市郊，每天早上，我都得开上三十分钟的车程，送女儿上学。

以台湾的标准，我并不是个开车技术很好的父亲，或者说，我不是个很好的司机。在台湾的时候，我常常被长辈教诲，开车时不要开在卡车的后面，尤其是装满货物的卡车。这一点，我常常疏忽。

一方面因为我常常忘了长辈的叮咛，另一方面实是因为在澳洲，直到现在，我在路上遇到的卡车，常常会让我没有危机意识，所以一不小心在开车的时候，又跟在卡车后面。说实话，如果非要我去比较台湾和澳洲两地的卡车差异，其实很简单：台湾的卡车速度一般很快，有时候对于物品的捆绑常令跟在身后的车子捏把冷汗；澳洲的卡车速度一般很慢，车越大越慢，而且每台车真的都是捆得扎扎实实

的，如此而已。

又有一天，在送女儿上学的途中，我又跟到了一辆厢型卡车后面，因为已经无法变换车道，我只能放慢车速，并尽量与卡车保持距离。

"Without Trucks，Australia Has No Future.（没有卡车，澳洲没有未来。）"女儿突然开口念道。

我愣了一下，问："你说什么？"

"Without Trucks，Australia Has No Future啊！爸爸，那个意思是不是没有卡车，没有澳洲啊？"女儿接着又问。

女儿刚好处在认字的阶段，坐车的时候，最喜欢没事东看西看，到处认字，问问题。其实，这也是我们父女俩感情很好的原因之一，女儿喜欢问问题，而我总是会耐心地回答她。

她看我仍愣在那边，于是又张口道："那个、那个、那个车车上面的字。"

我回过神来，往前仔细一看，前面卡车的背面，贴着一个大大的标语：Without Trucks，Australia Has No Future。

我看了下，顺口回答："不是没有澳洲，是澳洲没有未来。"

我又想了想，说："说没有澳洲也可以啦，但好像不太贴切。"

"那什么是'未来'？"女儿继续问。

"未来就是以后的事。"我耐着性子回答说。

"那什么又是'贴切'？"女儿用发音不太标准的中文继续问。

之后是无尽的问题与话题，一直到学校为止。

撒开路上与女儿的对话，我很惊讶的是，澳洲的卡车司机大都是一群学历并不高，孔武有力的大汉，他们竟然敢做这么大胆甚至带着一点狂傲的广告。但仔细想想，这个广告，说实话并没有错。

澳洲的经济主体是矿业与农牧业，这两种产业都是需要卡车来大量运输的产业，它的确是一个不能缺少卡车的国家。以现在的世界而言，哪个国家的经济命脉能缺少卡车？卡车司机，本就应该是全世界任何一个国家都不可或缺的职业。但是，澳洲的卡车司机却带给我非常强烈的感受，这里的卡车司机似乎比我在台湾所看见的卡车司机更有信心，社会地位也没有如此大的落差，甚至我还能感受到许多卡车司机以能开卡车为荣，认为这真是一个既专业又骄傲的行业。为何会如此？

这次与卡车广告的相遇让我想通了这点。澳洲的卡车司机为什么能够表现得如此专业？从表面看来，整齐、干净、开车遵守法规，似乎仅此而已，但隐藏在背后的，却是专业的技术、组织调度，严谨的法规等。

有许多朋友很想了解，为什么在澳洲职业如此平等，能吸引那么多不错的人才加入。很多学者认为待遇不错是主要的原因。对于这点，我却有很强烈的不同看法。我个人认为，澳洲的各种职业，从社会宣传到培训的整个过程，都表现出一致的专业性，这才是澳洲各行业吸引人才的一个重要原因。

举例来说，今天你想当卡车司机，只要上网通过搜索引擎用英文搜索一下"如何在澳洲当一个卡车司机"，三秒钟，清清楚楚的一堆信息就会马上清楚地浮现在眼前。或是参考一下相关网站，就会得到这个行业的许多资料。你要做的就是按部就班，选一个对你最适合的学校，完成整个程序。但是在你所在的地方，你用同样的关键字输入中文"如何在澳洲当一个卡车司机"试试。你一定会马上有一个强烈的感受，职业教育发展得好不好，不是用"说"的，从这些小细节就看得出来。

其实，当我们认为某些特定的行业不够专业的时候，也许我们并不是在评论行业本身，我们所评论的，往往是不够努力的脏乱与失控的管理。这辆卡车所做的广告，同时也是澳洲最好的职业教育，它再次告诉我，任何行业，只要能管控得宜、做得好，就是一门专业的行业。

> **知名的国际身心成长专家玛丽莲·保罗：**
>
> 良好管控很大程度上来自于自我尊重。所谓的自我尊重，就是知道我们自己什么事该做与不该做、能做与不能做，以及做好自己。

挂科的主治医师

澳洲人的工作态度，是出名的"慢"。但在这个"慢"字后面，其实是一丝不苟的态度与对专业的坚持。这种慢与专业，只要走在澳洲街头，稍微留意一下大大小小的工程都可以发现。

澳大利亚，有来自世界各国的新移民。为了成功移民，人们纷纷改变自己的专业。不管在原本的国家是电子新贵、医生、律师，还是高级经理人，碍于许多客观的因素，英语能力不强，或是专业制度不同，为了留在这个地方，许多人往往改变自己原本的专业。

对于许多中年转行的人来说，除了一些本身就是跨国性的专业外，大部分专业都会因国别的不同或语言的隔阂，存在非常大的差异。

我隔壁的邻居凯文，就是一个很显著的例子。

凯文原本是亚洲某个国家的心脏外科医生，同时也是该国某所大学的教授，为了移民，他放弃了高额的薪水，来到澳洲转念护理专业。

他是一个相当聪明而且有智慧的人，改念护士的原因很简单：其

一，能达到移民的目的；其二，借着同样是医疗体系的工作，先帮助自己融入澳洲的医疗体系，再思考更进一步的发展。

而根据我的观察，他并没有放弃在澳洲执刀的理想，只是他很聪明，按照他的说法，即使他已经是一个主治医生兼教授，即使基本医学理论相同，但是换了环境，面对的则是不同的法规、环境与文化等因素，所以他选择了先从护理科融入澳洲的医学体系。

在他入学后的第二年，算算时间，我觉得他应该已经毕业了，于是，我就在一次晚餐的机会里，询问他找工作的进度如何。

"凯文，最近工作找得怎么样？"我关心地问他。

"嗯，还好。"他有点支吾地回答着。

"听说市区不好找，你有去偏远地区找找吗？"我继续问。

"嗯，其实我还没开始找。"他好像不太愿意回答。

"哦，发生什么事了？"

"没什么大不了的，只是因为最后一个科目，因为忙着找工作，混了一下，不小心没通过，我得晚一个学期毕业。"他坦然说道。

"怎么可能，你是医生啊，念个护士，哪个老师敢不让你通过？"

"没有啦，专业不同，医生跟护士所受的训练其实还是有所差异的。"他很耐心地解释着。

虽然他挂科的事情让我稍微错愕了一下，但后来想想，其实也并不令人惊讶。我会错愕，其实并不是因为他没通过，而是因为在我对他的观察里，他是一个相当稳健与有智慧的人，竟然会因为大意让自己挂了一个科目。

至于堂堂的一个主治医师，转修护理科也会没通过这一点，对于受过澳洲教育的人们，应该不会感到太大的惊讶。

澳洲正规的大学教育，没有所谓的在职班与全日制，只分全职学生与兼职学生。全职学生与兼职学生的差别，只在于修课的多寡，而不在于修课的内容。举例来说，以硕士为例，学校会要求全职学生每个学期最少修四门课，但对于兼职学生的要求，一般以两门为限。

没有分在职班与全日制，换句话就是说，不管你是大学教授、高级经理人、老板，还是校长、资深管理者。不分地位，不分职业，只要你进入大学，想要毕业，就得达到学校的标准。举例来说，即使你是金融业的高级经理人，但是学历只有专科，一旦想到大学取得更高学历，一样得学习该学科所指定的许多基本科目。

很多在职场滚打多年的经理人，常常会认为基本科目没有太大的用处，其实那并非客观的想法。我们能对人生保持客观的态度，并做出适当的决策，不就是基本科目里统计学的最基本概念吗？

澳洲人的工作态度，是出名的"慢"。但在这个"慢"字后面，其实是一丝不苟的态度与对专业的坚持。这种慢与专业，只要走在澳洲街头，稍微留意一下大大小小的工程都可以发现。

此外，不只是工程，对世界很多知名的工艺产品来说，"澳大利亚制造"也是严谨与昂贵的代表。举个例子来说，在世界热销的澳洲品牌

百富利（BREVILLE），一台柳丁榨汁机能在台湾卖到八千八百多台币，是其他产品的六到八倍。

严谨的工作态度从哪里培养？不是从孩子开始接受与职业相关的教育时就开始了吗？如果说中小学是一个孩子人格的塑造起点，那么大学与专科应该是塑造一个孩子的专业态度最重要的地方。如果一个职业教育机构不能提供"严谨"与"务实"的专业训练，我们又怎么能要求孩子进入社会能够学以致用，有良好的工作态度？举例来说，汽修专业的学生在学校学了满腹的电机知识，却没摸过几次汽车，那么，你要孩子毕业怎么办？改行吗？如果大学教授或是专科老师对自己的学校都没有信心，也不够尽心，对学生马虎或是对学分漫不经心，那么不就是身体力行地告诉学生"你毕业后可以混一点"？

通过凯文的故事，我发现，澳洲教育这种对专业一丝不苟的态度，从大学时代对基本学科的训练就已经开始了。大学与专科，应该是孩子们职业技能与态度养成最重要的一个地方。

美国著名的心理学家威廉·葛拉瑟：

如果你想改变你的态度，那么请从改变你的行为开始。

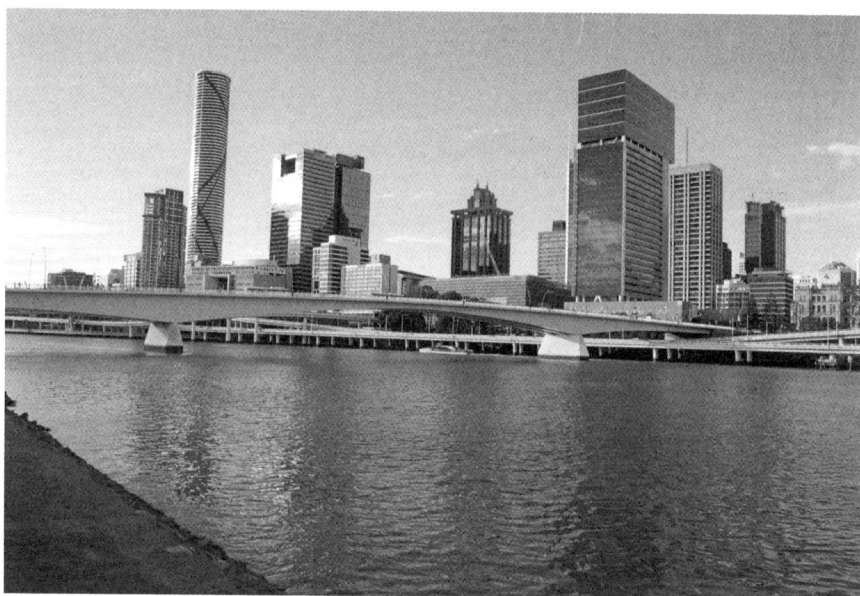

乐活的三个特质

这些人活得相当快乐，每天总是神采奕奕，原因很简单，他们不愿意放弃对生活的热忱，每天对生活保持不断地学习的态度，如此而已。

一个澳洲老人大卫告诉我，要在澳洲活得好，要有三个特质。

第一个特质是要喜欢大自然。这是个农牧国家，没有太多的污染产业，绿化很重要，休闲娱乐大都是与自然有关。这点我懂。

第二个特质是能放得下亚洲人自以为是的身段。这个农牧与矿业国家，没有太多的电子与金融产业的工作，各个职业间没有太多的地位差异，你告诉澳洲人你是医生，他们会称赞你，但绝对不会崇拜你，因为他们认为，每行每业做得好，都是专业。这点我也懂。

第三个特质是要不断学习。当时听到这点，我懵懵懂懂。后来，在慢慢的观察下我才懂了。

这里的孩子，从小就得好好地"学习"自己做。

澳洲父母教育的基本原则，是孩子可以自己做的事情，就会鼓励孩子自己做、陪孩子做、做给孩子看、引导孩子做，但偏偏就是不会帮孩子做。而孩子不能做的事情，就绝对不让孩子做。这一点，不论是法规，还是家长的认知，都区分得非常清楚。

从很小开始，什么是可以做的事情呢？

自己吃饭、洗澡、独立睡觉、穿衣服、走路上学，等等。

孩子渐长，就开始学习帮家里庭院割草、洗衣服、煮饭、做蛋糕、制作手工饼干、修缮，不管男生女生，都得学习操纵简单的工具，学习如何使用。

在澳洲，常常可以看见女性卷起袖子，拿着工具，在房子旁边修修补补。在路上也常看到联结式公交车或是巨型卡车，开车的司机一样可能是女性。

学校作业的设计都需要实际操作，因此，澳洲的参考书贩卖不像亚洲如此频繁。学校的作业林林总总，有的得实际测量，有的得到处收集数据，或是需要大量的阅读，或是需要做一个完整的作品。若想要快速复制，绝对不可能。

孩子很早就得学习开始为人生负责。到了申请大学前的最后一年，孩子们一样得学习打工、露营，甚至参加工作实习，而且工艺课一样是工艺课，历史课依旧是历史课，音乐课照常得学习音乐、练习弹琴，都不会拿来作为其他课业的学习时间，也并没有因为升学的压力而荒废对生活的学习。

成年后，为了对自己的家庭与房屋负责，除了自己的专业，不分

职业，澳洲男性或多或少都要有一手绝活，如学习修篱笆、修补天花板、盖凉亭、铺瓷砖、装电灯等。女性则学习做蛋糕、手工饼干、各国的菜肴等，有的女性一样学着推割草机，替家里除草，开着手动挡的卡车或休旅车到处工作。

而且，不是只有孩子和成年人需要学习，老人一样得不停地学习。

趁着小学老师退休的母亲从台湾过来探望我们的时候，我陪着她到本地的市场购物。母亲是一位很善于观察的人，抵达澳洲的第三天，当我们走出超市时，她突然开口问我："澳洲是不是很多人老了都还在工作啊？"

我想了想，不知道为什么母亲突然这样问，抬头望了一下，竟然有将近一半的超市售货人员白发苍苍。从那个时候起，我才发觉，澳洲的许多基层服务人员都是老人。

回家的路上，我开着汽车，经过一辆公交车旁边时，抬头不经意地一眼扫过，赫然发现，开车的司机也是一位满头灰发的"阿婆"。不只如此，从周一到周五的早上，走进图书馆、咖啡店等多个地方，我都注意到，似乎在这个国家，停留在基层工作的银发工作者比率非常高！

以澳洲的社会福利来说，这些老人其实完全不需要继续工作，但许多老人在退休后，仍然不想停止对生活的动力与学习，于是纷纷投入比较轻松的职场，继续对生活的学习。

后来我才发现，曾经是大公司的主管、高级工作者、医生等行业的老人，在年纪颇长或退休后，仍然想去另一个产业从事基层工作的人数，其实相当多。这些人活得相当快乐，每天总是神采奕奕，原因很简单，他们不愿意放弃对生活的热忱，每天对生活保持不断地学习的态度，如此而已。

　　不断地学习，是澳洲老人大卫告诉我的第三个乐活的特质，我终于了解了。

澳洲教育研究发展委员会詹妮弗·布莱斯博士：

　　终身学习是实现个人自尊与自信的来源之一。

先快乐，才能坚持

澳洲的学习宗旨，是先让孩子们享受学习，喜欢学习后，孩子自然会在喜欢的事物上坚持下去，开始自己探索与研究。

一个华人朋友的孩子生病了，孩子是内人的家教学生，突然请假一个多月，学校也没去，也没有再来过家里上课。问朋友孩子生病的原因，却讲不出所以然来，做过大部分的检查，看过好几个专科医生，都检查不出病因与任何病毒。孩子发病期间，则刚好是在NAPLAN考试的时候。

NAPLAN考试只是澳洲政府针对全国孩子的语言能力与数字能力所做的一个测试，目的是给政府及学校一个指标，以作为教改的参考，与孩子未来申请大学一点关系都没有。

很奇妙的是，NAPLAN考试完后，又过了一周，孩子的病自然好了，不吐了，也不头晕了。根据其中一个医生的说法，应该只是过度紧张造成的。但是，孩子因为生病，已经没办法参加学校的NAPLAN考试。这个朋友常常抱怨澳洲的中学教得太慢，在NAPLAN测试前，常紧张兮兮地跑来找内人索取考试的模拟试卷练习。但过度紧张的结果是，他的孩子病到连考试都没办法参加。

这个华裔朋友一直认为这里的学校教得太慢，学生太轻松。因此，对澳洲的中小学教育颇有微词，因此，他和他的孩子一直以来很难融入澳洲的当地生活。

很多人总是希望孩子的学习能尽量地求快与求好，这样的标准是建立在这些大人总是认为只要能够快与好，就能够赢在终点的观点之上的。但是，他们似乎忘记了，人生并不是一场田径场上一马平川似的百米赛跑，而是一场荆棘遍布的山野马拉松，一味地求好求快，有时反而增加孩子失足在山野间的风险。

澳洲的学习宗旨，是先让孩子们享受学习，喜欢学习后，孩子自然会在喜欢的事物上坚持下去，开始自己探索与研究。因此，澳洲的小学和初中教育，除了奠定孩子的基础知识外，很重要的一个目标在于引导孩子们找到喜欢的方向。因为澳洲人认为，只有孩子有自我探索与规划的能力，才有办法应付不同专业的高深知识。

就像数学一样，数学一直以来都是亚洲人的强项，但令人很纳闷的是，建国区区一百年的澳洲已经出了十几位诺贝尔奖得主以及一位菲尔兹奖得主，而澳洲的人口基数仅仅和台湾一样。所以，若要质疑澳洲人的数学不好，好像有点偏颇。

澳洲的中小学数学课程是这样设计的，从学前班到十年级和一般国家没什么两样，都是基本知识的循序渐进。这段时间，比起许多亚洲国家，数学题目的确相对简单，但是在七年级后多了许多灵活的设计，评比中除了考试外，还包括作业的成绩。

数学科目到了十或十一年级开始选修，分成应用方面的数学与高难度的数学，以昆士兰州为例，就分成A、B、C三个等级，依照大学的入学要求，让学生根据自己的兴趣或方向来决定学习的难度。通常学术倾向较强的专业，例如医、法等，对数学的难度要求很高，学习的难度一点都不输给亚洲的高中数学。孩子们不但要会算，还得学习应用数学、做方案。因为澳洲人认为，既然孩子们已经表现出对数学的兴趣，就得自己开始做研究并坚持下去。

这就是澳洲的教育理念。在孩子们没有清楚他们自己的兴趣前，教育的理念以诱导与鼓励为主，让孩子们在循序渐进中成长，培养出自己的兴趣。一旦孩子选择了他自己的兴趣和方向，就得开始独立，为自己的选择负责，因为是自己的兴趣，做起来快乐，也才能应付专业带来的各项挑战。这种理念广泛地渗透在对各个学科与科目的学习中。

先快乐，才能坚持。这种教育理念，不只应用在教育的课程设计方面，它一样被运用在与教育息息相关的职场上。与澳洲人聊天，讨论到工作方面的问题时，最常讨论到的话题就是"Do you enjoy your work?（你喜欢你的工作吗？）""Enjoy"这个词，除了表面是喜欢

的意思外，中文常被翻译成"享受"，或许，我们把这句话翻译成
"你享受你的工作吗"更为恰当。

　　无论如何，先快乐，才能坚持。这种观念，让我尔后在教育孩子
时得到了很大的启发。

澳洲著名的教养书作者迈克尔·格罗斯：

　　自尊会影响孩子们的社交行为与学习。有健康心理的孩子，会有更大
的可能性拥有健全的交友圈与成功的学习生活。

学习观念的冲突

我一直记得一位澳洲资深教育者给我的一句话：给自己和孩子留一点空间与时间，就是帮孩子多留一点发展的空间。

女儿进入小学已经半年多了，因为身边的朋友是华裔与澳裔参半，即使我们自己对孩子的生活理念与教育理念相当明确，但身边还是充满了许多持不同意见与理念的人。

身边的华裔家长，在孩子年纪还小的时候，送孩子去才艺班的比例比较高，学的才艺也比较多，有些孩子甚至周一到周六时间排得满满的。而澳裔的家长，则比较倾向让孩子自在地发展，也会送孩子去学学才艺，但是心态并不太一样。

说实话，只要经济条件许可，在没有强逼的情况下，这两种截然不同的理念，也没有谁错谁对。

在澳洲的小学，移民小孩比例相当高的学校，可能因为许多移民相当重视孩子们的才艺，无形中也会配合家长与孩子们逐渐修正经营理念。

所以当初替女儿选小学时，我们着实相当用心，选择了一所学费相当平价的私立学校。学校不大，相当简单，但是有提供学习游泳、钢琴以及网球三种才艺的平台，整个学校给我们的感觉，相当简单与自然。

女儿的班级以澳裔的学生为主，因此，在孩子的功课进度上，并没有太大的压力，也就是没有太多的回家功课。

相比而言，邻近的一所公立小学华人的密集度相当高，华裔朋友的孩子们大都聚集在该所学校，也许是因为如此，几年下来，该所学校在整个国家的教育质量评比中，表现着实不差。

女儿在现在的小学待了半年，内人与我曾经就此做了一番讨论。

"怎么办？我看山姆他们的学校，老师布置的家庭作业那么多，每天都要背一堆单词，而女儿他们学校，回家都没功课。"我有点抱怨地说。

"你觉得呢？想帮她换学校吗？"内人有点不负责任地把问题丢给我。

"换学校倒不至于，她在这个学校其实待得挺快乐的。"我说。废话，小孩回家没功课，当然快乐。我心里带着点恶意趣味地想着。

"其实我觉得不是没有功课，只是方法不一样。"内人说。我愣了一下，她接着又说："他们不是没有功课，只是性质不一样，你注意一下，他们每周指定的阅读量是山姆他们学校的两倍，只是你太忙，没注意到。"

"他们的学校都是澳裔孩子，所以风格可能略为不同。在这个年纪，他们比较重视孩子的阅读能力与自主学习能力，她没有每天背单词，但是单词量比其他小孩还多呢。"内人补充说明。

后来我仔细想了想，事实的确如此，女儿的老师不是不用心，而是用心在我们看不到的地方。举例来说，女儿班上虽然有二十个人左右，但是每周分配给他们的书并不是一模一样的。

孩子的每本书上都用色纸标注了不同的难度，老师会在每周的阅读课上，细心地替每个学生分配适合他们程度的书。还记得上周与老师会谈时，老师约略提到要将女儿的阅读程度再提高一个难度。我想，老师的心思应该是用在了这些我忽略掉的地方吧。或者应该说，我总是在用一种以前成长时期学习的标准来看老师的教学。但在澳洲，以往的固有观念却不适用。

澳洲的教育，并不赞成太小的孩子用枯燥的方式来记忆学习，在学习的启蒙阶段，学校会更重视孩子解决问题的能力与独立思考的能力。因此，在很多外人眼中，似乎小学一年级的孩子们，每天有很多的时间都在玩乐、下棋、唱歌、堆积木，听老师朗诵故事书。

后来想想，几个月前，在送女儿上学的途中，我就得知女儿已经知道正方形、长方形、梯形、菱形、平行四边形的名称，能够准确地叫出每个形状的名称，并辨别出它们的不同。还记得那时，我很讶异地问她是怎么知道这些不同的形状的。女儿很得意地跟我说，是老师在陪他们玩堆积木的时候告诉他们的。

当了家长以后，我才发现，身边一定会有许多截然不同的教养理念，或是不同的教养意见。但我一直记得一位澳洲资深教育者给我的一句话：给自己和孩子留一点空间与时间，就是帮孩子多留一点发展的空间。

> **澳洲政府支持的教养网站育儿网：**
>
> 有规划的游戏与漫无目的的玩乐是不同的。有计划的游戏是教育，能帮助孩子们发展健全的心智。

学习的秘诀

在清楚的规范下，轻松地持续学习就是了。我想，持续才是学习成功的主要因素之一。

半年前，我在澳洲的专科学校报了名，进入专科学校学习煮泡咖啡的技术。

教咖啡拉花的老师年纪颇大，虽然已经白发苍苍，却仍然精神抖擞。他本身是一个咖啡豆的贸易商，浸润这个产业已经数十年了。在一堂课上，我看着老师用熟练的手法，将打好的奶泡倒进一杯又一杯的咖啡里，瞬间，每杯黑褐色的咖啡上都诞生出不同的几何图形，像一个又一个美丽的艺术品。

老师先把泡咖啡的整个过程分成几个相当清楚的程序，分别用电脑档案说明清楚后，实际操作给我们看，并在操作的过程中，逐一说明清楚细节。说明完毕，就让我们实际操作。

我笨手笨脚地做了几次，勉强能拉出一两种图样，但是无论如何，就是没有办法拉出像老师那样的几何图形。课后，我们一伙同学去请教他，想知道有什么特殊的秘诀，或是上课时没听到的地方。班上的许多新移民，开玩笑地向老师逼问拉出美丽图案的秘诀。

老师亲自看我们操作了一次后，只简单地告诉我们，技术上没有任何问题，持续做就对了。最好的方法，他建议我们能自己找地方多练习，每天至少能持续练习拉十杯的咖啡。

三个月过后，我发现毕业的同学只有两种情形。一部分同学进步颇快，已经能够拉出数种美丽的图案。而另一部分，拉花的程度还是停留在上课的第一天，没有太大的进步。

相处三个月的时间，我们已经互相有基本的认识。仔细观察这些同学，我发现，进步颇快的同学各自发展出的技巧都有些不同，但共通点就是听进去了老师的话——固定且持续地每天做数杯的拉花练习。而那些完全没什么进步的同学，则是聊天喝咖啡与到处探访秘诀的时间很多，但实际练习的时间却很少，如此而已。

这次的学习给我相当强烈的感受，不论是自己的学习，还是孩子们的学习，其实不也就是那么简单？在清楚的规范下，轻松地持续学习就是了。我想，持续才是学习成功的主要因素之一。

从泡一杯咖啡的学习开始，我也开始观察澳洲的教育。澳洲各种行业的教育，常常被人批评步调太过缓慢，但是从这缓慢的步调中，我看到的是持续的力量。就像龟兔赛跑的故事一样，有点急躁但是速度快的兔子，容易因为骄傲等负面情绪停止前进的步伐，反而是一步

一个脚印、持之以恒的乌龟，能持续下去完成比赛。

很多家长很重视孩子的学习，认为每个科目都需要补习：补数学、英文、中文，或是送去学画画、钢琴、小提琴、网球、游泳……但是，有时候因为补习的科目太过繁杂，时间往往都不够用，到最后，孩子每项能力都不专精，家长反而因为必须接送孩子而疲于奔命，整天不是忙着接送孩子跑来跑去，就是忙着与老师们调课。

这些家长觉得自己付出许多，然后开始怪孩子笨、怪老师教得不好，就是很少检讨自己：是不是因为自己的生活管理失控，才导致孩子的学习问题？如果问家长们为什么要学这么多，他们又讲不出所以然来。

通过这件事情我学习到，在替孩子决定学习投资前，先思考一下自己各方面的外部条件，是不是足以支持孩子的持续学习。因为唯有持续，才是学习任何一种学问或技能的根本要素之一。

澳洲国家学习品质标准刊物第462012期：

有效率的学习通常发生在连续不断地学习的情况下。

五金行的出版物

这里各行各业都有非常专业的出版物，这些出版物不会以名人或明星为号召，而是很平实自然地融入澳洲人的生活里。

澳洲有一个专门卖工具、五金、建筑材料和园艺设施的地方，类似台湾的特力屋。在这里，只要一想到五金材料，绝大部分的人，直接的印象一定会想到它。

但是，这家店令我印象最深刻的地方，不是它琳琅满目的商品，而是它印制精美的出版物。老实说，我个人认为，这家"五金连锁店"在职业教育上，真的替澳洲做了不少的贡献。

当留学生的时候，我就常常看到许多的澳洲人，顶着大太阳为自己所居住的房子爬上爬下，敲敲打打，或是修缮，或是油漆。这些澳洲人不分年龄，从青年到中壮年都有，其中甚至不乏满头白发的老年人。说实话，那时我还挺羡慕这种生活的。

后来有几次机会，参观到这些澳洲男人的工作房，我更是为之惊叹。大大小小的工具陈列得整整齐齐，螺丝刀、扳手、轮锯片、刷子

等，都是按照大小及型号依序摆放，如果不是工具房里的灰尘、油污与岁月留下的痕迹，我觉得这些朋友的工具房，一点都不输给百货公司的陈列柜。自那时候起，我就一直觉得，这才是好男人的榜样。

因为在中年之前，我着实不善于使用工具，唯一使用的工具，大概只有十字形的螺丝刀，还是因为拼装桌上电脑。后来搬家到澳洲，家里的车棚因为年份久远，需要重新装修，再加上朋友的怂恿，决定自己修缮。于是，一个原本只会拿拿笔、敲敲键盘的中年人，终于认真踏入这家著名的"五金连锁店"，寻找需要的工具。

我对于第一天在这家"五金连锁店"里寻宝的印象非常深刻。各种工具与材料的排列与说明，分门别类得条理清楚，整齐得像是百货公司的陈列柜一样。但让我最惊讶的是，在这家以贩卖工具与材料为主的五金行里，有一个角落，整整齐齐地陈列着几个大书柜的杂志与印刷精美的说明书。杂志是售卖的产品，各式各样的说明书则是免费索取，内容都是有关教给顾客如何一步步地使用工具与材料，建构出自己需要的简单工程的说明。诸如房屋的搭建、屋顶的翻修、浴室的建构、房间的改造、大小型家具的制作、马桶的换装、瓷砖的铺设等，均有由大到小的工艺手法与说明，全都列在这些出版物的范围内。而且，尤为难能可贵的地方是，这些杂志与说明书的设计，大多是针对完全不懂工具与材料的初学者的，而不是那些已经熟门熟路的工程人员。

第一天进入这家店，两个多小时的时间，我几乎都花在这宛若小型图书馆的地方。对于一个工具使用的门外汉来说，这真的是一个宝库。

除了出版物，根据工程的大小，这里隔周或是隔天不等都会举办不同的免费课程，教给人们不同的工具使用与简单的工程制造方法。

因为编排由浅入深，很容易让人理解与接受，而且索取方便。据我所了解，这些出版物不只提供给一般民众，在澳洲的初高中里，常常也被老师们拿来当作工艺课与科学课程的参考教材。这些出版物让我深切地感受到，之所以澳洲工人的社会地位一点都不输给白领，是因为这些蓝领所表现出的纪律、干净、组织以及专业，一点都不差。

出版物是一个国家的教育表现出专业性的指标之一，没有书本，怎么做教育？在澳洲生活久了，仔细观察会发现，这里各行各业都有非常专业的出版物，这些出版物不会以名人或明星为号召，而是很平实自然地融入澳洲人的生活里。我深深觉得，职业教育应该是与生活结合在一起，互相混融、无法分割的。职业教育与职业平等的观念，应该建构在学校与生活中的结合上，而不应沦为口号式的自我催眠与膨胀。从生活中学习需要的技能，这才是最好、最棒的学习。

澳洲昆士兰州圣彼得小学校长贾斯汀·杰克逊：

只要父母们稍微用一点心，那么就会发现我们的身边充满了各式各样值得孩子们学习的资源。

包罗万象的小学英语课

通过英语诗集的内容，老师们介绍早期澳洲原住民的过往与历史，同时，也可以向孩子们讲解英语诗的体裁，让孩子们朗诵诗歌、练习发音等。

刚接触到女儿的英语课，我觉得很有意思，这里的小学没有课本，内容与教材都是老师自己编撰或是到处收集的。因为产生了兴趣，我花了一个学期的时间持续关注孩子们每周所做的活动。

大致上，我发现女儿的英语课堂，会分成两种模式来编排。第一种模式是标准的英语课，主题是英语的听、说、读、写。在这种标准的英语课上，老师会找许多文案或绘本，来教孩子们基本的英语能力。

我细查了一下女儿上学期的英语课，文案的取材相当丰富，有动物园里介绍动物的文案简介、超市或商店在打特价广告时的宣传文案、餐厅的菜单、海军博物馆的文案简介、大学的招生广告传单、植物园的介绍、报纸上剪下来的一小段文章、旅行社印制的旅游广告与观光景点介绍、食谱、各式各样的绘本等，这些都是通过女儿的英语剪贴簿，我可以看得出出处的材料。女儿的老师会根据这些材料设计问题，或是要孩子们练习写作，或是学习英语的其他基本技能。

另外一个关于说与写的活动也很有趣，每个孩子在每周固定的一天，都会有一个"SHOW AND TELL"活动，孩子们得在全班同学前做一个为时一到两分钟的主题演讲，如此每周下来，每个孩子相当于一年会做四十次左右的演讲训练。演讲的过程其实相当轻松，有趣的主题由孩子们自定，可以介绍孩子自己的玩具、喜欢的物品、最近的度假游记、摆饰、小玩意儿等，任何主题都完全由孩子们发挥与想象。这个活动其实还蛮让我伤脑筋的，不知从何时开始，陪女儿一起思考隔天"SHOW AND TELL"要演讲的主题，也变成一个好爸爸的任务了。

仔细探究老师如此安排的用意，第一种模式的英文课内容，主题仍是以英文的听、说、读、写训练为主，这是我们平常所看到的英文教学。而第二种模式的内容，则是将英语课与其他基本学科相融，互相整合，贯彻生活即教育、教育即生活的理念。澳洲的教育理念，认为语言是学习最重要、最基础的工具，而历史、地理、社会科学、美术、音乐等科目的内容，本身就是英语学习的教材。

因此，澳洲小学教育对语言的重视，不是表现在印刷许多精美的参考书，或是举办许多大大小小的语文竞赛上，而是通过课程的相互整合，表现在日常生活的内容里。

举些例子，英文课与历史课整合上课，女儿的老师们上课在介绍

澳洲原住民的历史时，特地找了许多介绍原住民的英语诗集。通过英语诗集的内容，老师们介绍早期澳洲原住民的过往与历史，同时，也可以向孩子们讲解英语诗的体裁，让孩子们朗诵诗歌、练习发音等。

英语课与社会科学课整合上课，某一次的主题是要孩子们了解政府机关的运作模式，老师事先收集了许多澳洲首府的资料，讲解给孩子们听。然后，带着孩子们开始写报告，在教导孩子们了解政府机关运作的同时，也教导孩子们练习英文写作。科学课与英语课的整合上课，则借由带孩子们做浮体的实验的机会，老师设计出许多问题，引导孩子们通过观察浮体的浮沉练习英文写作，写下观察的结果及心得。以上都是英文课的范畴，或是与英文课整合上课的课堂内容。

这种上课方式给了我很大的启发，不只是英文，其实学习就是可以这么有趣，如此的广泛。一样的道理，当我们在教导孩子们时，其实可以不用固执地坚持用特定的方法，可以更加灵活些。举例来说，教导孩子们认字时，除了书本外，广告传单、各式说明书、杂志、报纸，只要是有字的地方，似乎都可以成为我们陪着孩子认字的好工具。孩子们学习的习惯，应该是由生活中各种不同的侧面培养出来的。

澳洲麦考瑞大学教授詹妮弗·鲍威斯：

孩子们的有效学习，来自于他们周围的环境与师生间良好的互动。

第四章 / 认 错

没有被录取的理由

虽然这个孩子没有被这所学校录取，但我觉得，这所学校已经给这个孩子上了人生中最宝贵的一门认错课。

澳洲的教育理念与课程规划相当重视平实，不会只着重于精英式的教育。这样的理念，固然是对整个国家好，但是对那些特别有天赋的学生，却又显得不太公平了。有鉴于此，各州政府往往会特地成立一所学校，专门收这些具有特殊天分的孩子。

昆士兰州成立的学校是昆士兰学院（Queensland Academies，简称QA）。该校采用的不是澳洲本地的课程纲领，而是IB课程（International Baccalaureate Diploma Program，国际文凭课程，简称IB课程）纲领。这个学院有三个校区，分别招收在文学艺术、理工及生物医学三方面特别有天分的孩子们。这个学院的入学有两道关卡，第一道是笔试，第二道是面试。学校每年会招考三次。

朋友的两个孩子都是我的学生，也都是在数理上特别有天分的孩子，尤其是弟弟，常年是私立名校的数学第一名。姐姐念的就是这所学院，弟弟则是今年去参加第一次入学的考试。笔试考完，一个月后放榜，弟弟果然不负众望，轻松取得面试资格。因为姐姐就毕业于这所学院，加上内人曾任教于IB课程学校，对IB课程的纲领非常熟悉，有这两个人的协助，再加上弟弟本身的确是天资相当优异，我对于弟弟的录取，相当有信心。

面试结束当天，弟弟来我的课堂，狐疑地问我说："叔叔，面试的老师问我一个问题，我回答不出来。"

我愣了一下，下意识地问他："什么问题？"我真的相当好奇什么问题能难倒他。

"老师问我，如果我没被录取，知道是哪两个理由吗？"他有点疑惑地说。

我愣了一下，心想，哪有人面试时问这种问题的。随后马上回过神来，反问他说："你今天面试有发生什么大事吗？"

"发生什么大事？没有啊，就是我忘了带简章上规定要带的自我简介，面试老师说让我补发邮件给他就好了。"这个小鬼还是一副天真欠扁的模样。

就在这时，孩子的母亲拨电话过来，气急败坏地告诉我，今天早上孩子除了忘记带自我简介外，还因为迟到，让面试老师满场找。听完之前孩子的陈述与母亲的叙述，我马上会意为什么面试老师会问孩子那个很奇怪的问题了。

我马上问孩子说："老师问你，如果你没被录取，知道是哪两个理由吗？你怎么回答这个问题的？"我迫不及待地问孩子。

孩子说："我说我不知道。"这个小鬼越看越欠扁了。

我说："惨了！你应该不会被录取了。看看有没有第二次面试的机会吧。"心里有了底，终于弄明白了前因后果，虽然有点失望，我还是镇静地跟孩子说。

"叔叔，你怎么会知道？你又不是面试老师。"孩子终于有点紧张了，连忙追问。

"因为你不懂得认错，那代表你没有修正的能力。你今天面试迟到，再加上忘记带自我简介，如果我是面试老师，在很欣赏你的天分与数理能力的情况下，我也会问你一样的问题。"内人在旁边终于听不下去，插嘴接道，"如果你那时的回答，是告诉老师你的错误，对于迟到与忘记带自我简介表达一些歉意的话，我想你还是会被录取的。"

结果果然如内人百分之百的预料，孩子没有被录取，而且按照规矩，学校连给他第二次面试的机会都没有，反而是另一个连面试都没过的孩子被录取了。

后来，孩子的母亲去跟该校洽询，询问没有被录取的原因，得到的理由正如内人所料。面试老师认为，忘记带自我简介与迟到代表孩子的态度不对，是非常糟糕的一件事，但因为孩子的各方面条件非常优秀，他已经在面试的时候给予孩子机会了，但是孩子没有领悟到。

再加上孩子的姐姐本身就是该校的学生，他应该对该校的风气与态度要求有相当的了解，如此一来更不可原谅。因此，孩子连再度面试的机会都没有了。

澳洲这所为培养学术人才而设立的重点学校认为，学生的学习态度比学业成绩更为重要。

虽然这个孩子没有被这所学校录取，但我觉得，这所学校已经给这个孩子上了人生中最宝贵的一门认错课。

英语世界的传统谚语：

当你肯认错的时候，错误已经被修正了一半。

道歉的花朵

也许是当大人久了，尽管再怎么了解孩子，却也已经忘记了当孩子时的感受。我由衷地祝福这个孩子，希望他永远不要忘记懂得道歉的心态。

下班回到家里，看到桌子上有一束奇怪的花，看起来应该是哪户人家用自家花园里的鲜花做成的，几朵鲜花之间，稀稀疏疏地夹杂着几朵路边长的小野花，包裹着花束的，不是美丽的包装纸，而是我们在烤肉时所用的银色锡箔纸。整体的颜色搭配看起来非常突兀，第一眼的印象，我还以为是女儿的作品。

后来内人从厨房出来，告诉我这束花的由来，我才知道这个故事。

原来，内人的班上有一个孩子，时常会在班上尖叫与大吵大闹，科任老师与代课老师都对他束手无策。因为是该班的级任导师，为了辅导这个孩子，内人着实花了许多心血。过了相当长的时间，这个孩子终于开始慢慢改变他来到学校的态度，上课不再随意尖叫，也不会大吵大闹了。

有一天，他来到学校，带了这把花束送给内人，谢谢老师这段时间对他的照顾与忍耐。这把花束是他在前一天放学后，自己到家里的后院摘的，然后由他的母亲陪同，一起用锡箔纸当作包装纸，把摘下的花束捆绑起来，第二天来到学校送给了老师，为前阵子调皮的行为表示歉意，也谢谢老师的耐心。这把花束尽管看起来很不起眼，但听完家长的转述后，却让人心头暖洋洋的。

内人好奇地和家长聊起，到底孩子怎么会有自己做花束送给老师的想法。原来，这跟学校之前办的一个活动有很大的关系。

澳洲有一个节日——国家道歉日，是澳州政府为了向原住民道歉所设立的节日。

从十九世纪八十年代到二十世纪六十年代，澳州政府曾经以改善澳洲住民的儿童智力为由，粗暴地拆散了许多原住民的家庭，无法统计数目的原住民儿童，活生生地被带离家庭，强制安置到白人家庭或社会福利机构。他们还强制销毁这些孩子亲生父母的资料，防止他们寻找亲人。这一批原住民儿童，被称为"失落的一代"。

从一九九七年这个计划被人权协会揭露开始，全澳各地陆续发起了反对的活动。一九九八年五月二十六日举办了第一届的国家道歉日活动。自此之后，各式各样表达歉意的活动与声音不断兴起。二〇〇八年，陆克文成为第一个公开承认错误的总理，并在国会发起道歉运动，正式代表澳州政府公开向原住民道歉。

这些活动与这起事件的认知完全没有争议，错就是错。去年的五月二十六号，内人的学校也在同一天举办相关的活动，把这件事情告诉了学生们。告诉学生们，历史上澳洲曾经犯下大错，并会举办相关道歉的活动。

那天的活动之一，就是由老师在历史课上告诉孩子们这个历史上的错误，并由老师带着全班的孩子制作道歉的花朵。

这些道歉的活动与节日，在许多大人的眼中，也许已经沦为形式与庆典，但是孩子们却是真的仍能感受并学到道歉的意义。内人之前教育的这个顽皮的学生，就是其中之一。

没有一个老师，包括内人，甚至包括那位学生的母亲，能想到当天这个为了国家道歉日所举办的活动，竟然在孩子的心目中留下如此深刻的印象，并进而模仿。也许是当大人久了，尽管再怎么了解孩子，却也已经忘记了当孩子时的感受。我由衷地祝福这个孩子，希望他永远不要忘记懂得道歉的心态。

在人生的旅途中，没有人能够不犯错，因此，懂得道歉是相当重要的态度，也是相当重要的能力。从小到大，我已经听过太多真实的故事，遇到过许多由错误造成的风浪，到最后都是因为能够道歉，迎刃而解。懂得道歉很重要，但是，这个态度似乎常常随着人们年纪渐长而渐渐地消逝。

为人父母，我们总是希望自己的孩子是个懂得礼貌、懂得道歉的好孩子。先前有提过，父母的背影成就了孩子长大时的模样。这个孩子的花束再次提醒了我，与其只在口头上不断地以教条、言语来轰炸孩子去改变，父母们不如懂得自己改变，借由一些故事、真实事件让孩子体会到，不管遇到什么事，若是做错了就要先学会道歉。

澳洲著名的教养书《养育女孩》作者、知名心理学家史蒂夫·比达尔夫：

　　孩子们不仅仅是从父母的教诲（言语）中学习，还会从父母的态度去学习。

不够好，就学习

澳洲的教改，我认为是成功的，成功的原因在于澳洲政府能面对问题、直指问题，然后针对存在的问题来改正，而不是一味地模仿与学习。

近十年来，澳洲在中小学教育上做了一个很大的改革，中央政府结束了数十年来各州在教学大纲上各自为政的情形，统一了全国的课程纲领。

数学是改革的重大内容之一。最近几年，尤其是一到十年级的学生，开始明显感受到"澳洲的中小学数学变难了"。原因很简单，全国课程纲领的数学改革，充满了浓浓的亚洲味，明显大量参考了亚洲各个在PISA中表现相当优异的国家和地区。

另外，除了政府本身颁布的全国课程纲领外，澳洲是世界上采用IB课程纲领密度最高的几个国家之一。澳洲全国仅有两千万的人口，却拥有接近二百所IB课程学校，IB的课程纲领在澳洲被广为承认，而且能够与澳洲当地的课程纲领相互衔接与承认。

IB课程虽然是一个全球性质的课程，并由西方国家发起，但是IB数学课程的设计，尤其是初中部分以后，更倾向于亚洲式的内容设计。此外，IB课程的高中测评也偏向大考制度，大部分的成绩决定于高中三年毕业前一个横跨两周的大考，这一点和台湾早期的联考制度其实颇有相像之处。

换句话说，不管是澳洲全国课程纲领的内容，还是IB数学课程的内容与大考制度，我都感到相当亲切，因为我都在其中嗅到浓浓的台湾味。台湾味，来自于教改前的台湾，而不是教改后的台湾。

澳洲的教改，我认为是成功的，成功的原因在于澳洲政府能面对问题、直指问题，然后针对存在的问题来改正，而不是一味地模仿与学习。

举例来说，在数学方面，澳洲的许多数学教师，就能够很大方地承认，澳洲的中小学生在数学上真的比不上亚洲许多国家。关于中小学生数学程度不够好的问题，我从来没有在澳洲的新闻媒体上看到任何诸如"我们的高等教育很不错""PISA的标准不尽客观""统计抽样的方法不准确"等转移焦点或掩饰的借口。尽管这个教改历经了两党执政时期，但是它仍能直指问题，切中目标。

于是，这次教改的数学主题就集中在如何提升一到十年级孩子们的数学程度上，这使得近几年来，一到十年级的孩子们解决数学问题的能力整整提升了一个水平。

此外，原本中小学从学前班到十年级，澳洲学校是不指定教科书的。但自从这次教改以后，很多学校也开始使用参考书了，让孩子们多做练习。

澳洲是世界上先进国家之一，同时也是基督教国家。在《圣经·马太福音》里有一段教导：是就是，不是就不是；若再多说，便是出于那恶者。这意思是鼓励我们，很多的事情，是就是，非就非，不需要找借口逃避或是掩饰，改过就是了。尽管澳洲时下的年轻人已经渐渐地偏离了基督教的传统，但是澳洲人的许多行事风格，还有社会福利制度等，仍然未脱离基督教的影响与教义。澳洲人民与政府针对教改的态度，不就是如此吗？

这次教改的成功正是基于澳洲人能够大方地认知到自己国家的问题，一举修正。澳洲教改单位能够认知到自己的不足，不够好，就学习，如此而已。我想，这个道理不仅能适用在国家的改革与进步上，在家庭里也是一样的道理。

我常常看到许多有问题的家庭吵吵闹闹，后来探究其原因，往往发现其实并非孩子的问题。这些家庭的问题往往在于父母，他们在犯错以后，不愿意在孩子面前承认错误，一味地想要维护自己在孩子面前的尊严，却不知这样的行为，要不就是疏离自己与孩子的关系，要不就是给孩子树立了一个不愿认错的模范。

孩子是看着父母的背影长大的，在这个物质资源过度泛滥的时代，在我们总是认为自己已经给了孩子足够好的物质条件的情况下，也许给孩子最好的礼物，是一对愿意认错、肯时时修正自己的父母。

愿意认错，才能直指问题去学习，不愿意认错，永远解决不了问题。

《圣经·马太福音》第五章第三十七节：

　　你们的话，是就是，不是就不是；若再多说，便是出于那恶者。

篱笆

　　人生有时候就像这些大大小小的工程，不可能一味地又要求快又要求好，我要谢谢这些澳洲的工人，他们让我体会到，教养孩子也是一样，在陪伴孩子的一生中，与其事事要求他们又快又好，不如稳步扎实，时时修正。

　　家里的围篱倒了，需要请人施工，其实依照我原先的想法，我是想自己学着做，邻居也愿意帮忙提供工具与技术指导。但是因为考虑到时间的问题，在与内人商量后，还是决定请专家来处理。

　　围篱的修建看起来并不是很难，但是任何一门技术，的确需要实地操作后，才会发现许多窍门。自己修建围篱，因为不是专家，停停建建，再加上工作的关系，可能得花上大半个月，有时甚至得拖上几个月。请专门的人来修建，却只要六个小时。

　　来帮我们建围篱的是一对父子搭档，看起来是子承父业，父子俩共同经营一家营造公司。找这家公司的原因很简单，我家周围邻居的篱笆也都是这家公司承建的，因此，为了统一与美观，我没有询问其他的公司，就直接拨电话与他们约定时间修建。

围篱的修建，最重要的一步，也是第一步，是篱柱的搭建，必须确认柱子与柱子间能保持在一条水平线上，篱柱间必须完全平行，柱子也必须与水平线保持垂直。当然，这对我这个外行人来说，是一件相当难的工作。

他们的做法是在地上用特定的工具挖出一排深约一尺半的深洞，再灌入快干水泥，同时插入篱柱，然后进行矫正。一个人负责灌水泥浆，另一个人负责矫正。

父子俩工作三个小时后，支撑围篱的支柱全部架好了，快干水泥也已经干燥，但就在此时，我听到父子间起了一点小小的争执。

旁边听了一会儿，我大致清楚了原因，原来经验老到的父亲发现在二十根已经架好的支柱里，有两根有些许的偏差（老实说我自己完全看不出来），修正的方法很简单，需要拔掉，然后重新装进去。但是因为水泥已经干了，他们必须回公司拿崩碎水泥的机器，如此一来，为了两根看不出偏差的支柱，他们又得浪费半天的时间，必须隔天才能继续。父子修建篱笆一天大约赚一千五百元澳币（不含材料费），我想一天的时间对他们这些工程满档的人应该是相当宝贵的。

儿子则认为两根支柱不会有太大的影响，因此认为只要直接完工即可，不需要大费周章地再拖一天。修建篱笆是小事，对相邻两家的生活也是有影响的，首先我们必须有人请假在家，而邻居们因为家里养着大狗，篱笆拆掉的那段时间，为了预防大狗乱窜，他们必须在兽

医院付费"托狗"。只为了两根看不太出来偏差的支柱,大家又得多一天的时间与金钱花费。

不过,最后在老父亲的坚持下,大家还是同意拆掉重装。

篱笆后来终于修建好了,通过这件事情,我才猛然发现,为什么周围邻居的篱笆由这个老澳洲父亲统包了。

按照这位老澳洲人的说法,如果当时不修正那两根支柱,其实在三五年内应该是不会有影响的,两根支柱的影响,应该要到三或五年后,那块篱笆才会看得出倾斜扭曲。而三五年后的事,一般的小工程公司早就不知跑到哪边接工程了,再者,说不定我们自己都想重新更换篱笆了。

但是,我想,正是基于对自己公司专业的尊重,也是对顾客的尊重,这个老澳洲人还是坚持无论如何都要把最好的工程品质给顾客。也因为这样,这个小工程公司已经营运了四十多年,渡过了不少次的经济不景气。

这次事件后,每当经过澳洲大大小小的工程,我总是会驻足观望一下。我不会太担心工程边上的危险,就以道路工程来说,如果某条马路边上有施工,前方远远的地方,要不是已经有专业的举牌人员在远处举牌指挥交通了,要不就是一定会放个大大的醒目的标志,然后将施工范围围得好像在做什么重大建设一样,这小小的工程似乎真的不需要这么大的安全面积。

其实,看久了澳洲的施工工程,也慢慢觉得似乎没什么特点,但是每一个朋友来到这里，总是会对这些大大小小的工程有一个共同的评价——缓慢但是扎实。

　　人生有时候就像这些大大小小的工程，不可能一味地又要求快又要求好，我要谢谢这些澳洲的工人，他们让我体会到，教养孩子也是一样，在陪伴孩子的一生中，与其事事要求他们又快又好，不如稳步扎实，时时修正。有时候，放缓一下步伐，修正一下脚步，却能在未来走得更稳、更顺遂。

加拿大瑟开学院教授苏珊娜·福拉里：

　　孩子的思考、语言与想法是会一直改变的，因此我们必须不断修正教育的过程，不能一成不变。

面　对

在运动和竞赛中，女儿无形中得到的，不只是健康的身体与专注力的提升，更有正确面对"输掉"的态度与积极的心理调适。

因为这几年澳洲国家课程纲领的实施，昆士兰州为了鼓励公立学校提升学习品质，大力奖励能够跟上澳洲国家课程纲领的公立学校。在大力的奖励下，这些公立学校在学科成绩上，普遍有非常大的进步，尤其是华人聚集地附近的许多公立学校，常高居昆士兰州前几名。

反而是女儿念的私校联盟，在进步的幅度上似乎没有这么大。表面看起来，女儿学校的功课程度，在英文与数学等学科上，真的比不上上述的公立学校。学业评比好，又能省下高昂的私校学费，许多华人朋友纷纷劝我们把孩子转学过去。和内人商量后，我们厘清了几个想法，达成共识，决定还是安静地让女儿留在原本就读的学校。想法其实很简单，因为这家学校有许多可取之处。

一、运动的习惯

很多家长都知道运动的重要，有运动习惯的人，专注力与身体都会比没有运动习惯的人好，这应该是一种常识。但在孩子的教养上，能将这点常识落实的父母，比例似乎不高。女儿念的这所学校，是传统澳洲人密度很高的学校，因此运动与户外活动的风气很盛。每到假期，家长会互相邀约，大多是到户外露营、踏青或是陪孩子们运动。

内人和我一致认为，和一群有运动氛围的家长一起活动，相当难能可贵。尤其在运动和竞赛中，女儿无形中得到的，不只是健康的身体与专注力的提升，更有正确面对"输掉"的态度与积极的心理调适。

二、阅读的风气

女儿所在的这所学校，十分重视主动阅读习惯的培养，每周指定的阅读量是邻近学校的两倍左右。学校许多教养的观念与教学模式，不是慢，而是要引导孩子们靠阅读去主动完成。关于这点，我们相当认同。如果孩子们不能从小就培养主动阅读与寻找答案的习惯，那么应该从什么时候开始培养呢？

后来，我认识了一位来自中国大陆的教授，他跟我分享在大陆教学的故事与移民的理由，让我们更加坚定了这样的想法。他在国内教授的一群优秀学生，在一次考试前，集体跑来跟他要考试重点。为了表面上的求快求好，这群年轻学子，从小养成了直接从参考书取得解答的习惯，却忽略了，这样的习惯一踏入社会很容易变成怕麻烦、不敢面对问题的人生态度。

三、实际操作的氛围

传统澳洲人喜欢实际操作，大大小小的家庭琐事都是身体力行。

日常生活中许多琐事的实际操作，诸如叠棉被、折衣服、割草、准备食物、打扫房子等，都是引导年幼的孩子们面对生活挑战最好的方法之一。举例来说，在一次女儿露天的音乐演奏会前，学校给我们家长发了一封简短的信，意思是希望在演奏会上，家长们能带一些自己做的点心来义卖。当时，我下意识的想法就是"超市买买就好了"。但是慈父后来拗不过小魔女的要求，在演奏会的前一天晚上，女儿牺牲了练琴的时间，半陪伴半监督地看着她父亲做出义卖的手工饼干。当时，我心里想，如果孩子身边是华人妈妈，一定会说："明天就是钢琴演奏会，还有时间做饼干？"她们巴不得孩子全天密集轰炸式地练习，整天屁股粘在椅子上吧。

事后想想，我也不得不同意，这些传统澳洲人的实际操作的生活，更适合孩子的人生发展。孩子们往后的人生，不可能事事顺遂，与其从小事事对他们锱铢必较，不如放手顺其在实际操作中成长。

以上三个观点，是我后来坚持掏钱让女儿留在现在这所学校的原因，因为我发现女儿在这所学校里，学到的不只是功课，还有如何面对人生大大小小的麻烦与挑战。

澳洲谚语：
一味求对的人通常责任感是不高的。

第五章 / 规 矩

冷水与热水

处罚的主要目的，是要孩子们知道他们的错误，并协助他们找出犯错的原因，而不是要孩子们害怕。

原本，朋友计划在孩子放学后来家里午茶，而我们等到的却是一通电话，孩子被留校察看，因此朋友感到抱歉，临时取消来家里享用阿里山高山茶的机会。

Detention，中文有人翻译成"留校察看"，但是在亚洲国家，留校察看的意思，通常是指给犯大错的学生退学前再一次反省的时间。而在澳洲，这种情形我们称之为Probation。因此，关于Detention，把它翻译成"留校反省"，好像比较恰当。

澳洲的Detention，意思是指当孩子严重违反校规或班规时，在放学后，老师会要求孩子到一间特别的教室，要孩子在里面反省，思考他们的过错。其实，有点像思考角落的扩大版，但时间通常是在放学以后。

内人曾经在澳洲当地与IB系统的国际幼儿园与小学教过书，现在转任到当地的中学担任ESL英文老师，接触过许多学校。因为朋友的事情，我突然很想知道，澳洲的学校到底是怎样处罚孩子的。在教育孩子的过程中，虽然我们总是尽量避免处罚，但现实中，却总是逃不开它。

"老婆，你们在学校都是怎么处罚孩子的？"我很有兴趣地问。

"处罚？"内人有点讶异我怎么会问这个问题。

"对啊，就是处罚。我意思是说，如果孩子不乖，你们在学校都怎么处理？"我不经意地回答。

"就是思考角落啊，请孩子们到角落去反省。"内人想了想，回答说。

"没别的吗？"我问。

"我想想，课堂内大部分都是用思考角落，请孩子们去反省。最多，可能会不准孩子们做一些他们喜欢的事情来处罚。"内人想了想，回答说。

"如果还是很不乖呢，顽劣到你处理不了呢？"我继续追问。

"那就留校反省了啊，或是联络家长，或是请校长出面了。"内人想了想，回答说。

"我们用正面奖励的方式比较多，例如设立荣誉角落、奖励贴纸、当众夸奖孩子们、给一张小奖状、多称赞、聊励志的小故事等。"内人继续说。

　　我心想，问她澳洲用什么处罚的方式，结果讲不出来，正面鼓励的方式倒是列举了不少。

　　"处罚是有必要性的，但我们主要还是用比较正面与积极的方式吧。当孩子们习惯于正面积极的环境时，你只要一给他们处罚，他们马上会有很强烈的感受，知道自己错了。"内人说。

　　"那情形就好像一群习惯冷水的人，你要他们把手放到冰水中，他们不会有太强烈的感受。但如果习惯温热水的人，你要他们马上把手放到冰水里，他们会被冰得哇哇叫，一样的道理。"内人补充说明。

　　"而且，处罚的主要目的，是要孩子们知道他们的错误，并协助他们找出犯错的原因，而不是要孩子们害怕。所以，千奇百怪的处罚方式，其实是没有太大的用处的。同时，处罚与各式各样正面鼓励孩子们的方法，应该是交替使用的。"内人做了个结论。

　　聊了一会儿，突然发现，我很喜欢这个比喻，对于一群习惯于冷水的人，你要他们突然将手放到盛满冰水的盆子里，他们虽然会觉得很冷，但不会有太强烈的感受。一旦让习惯温热水的人突然将手放进冰水里，他们马上会有很强烈的不适感。

　　教养，也是一样的道理。如果大人们平常不懂得用适当的言语教导孩子们，而是让孩子们活在负面的情绪与谩骂的言语里，一旦孩子习惯了负面的环境，有一天，大人们会发现这些孩子怎么教都教不会，怎么骂都骂不醒。因为这些孩子的心已经习惯了冷水，水再冰一点似乎也无关痛痒了。

相反地，孩子们如果是在鼓励与正面的环境下长大，就像习惯温热水的孩子们，当他们犯了错时，一点点的冷水，就足够让他们反思与检讨了。

澳洲的教育，就像冷热水交替，以温热水为主，冷水为辅。它让孩子们生活在舒适积极的温热水中，一旦孩子们真的犯错，还是该去洗洗冷水。

澳洲著名的教养书《养育女孩》作者、知名心理学家史蒂夫·比达尔夫：

　　孩子会从你的身上学会关爱与感觉，这样的孩子比较容易沟通。

思考角落与罚站

思考角落的设立，比单纯地罚站，多了一份尊重与细腻，而多出的那一小部分，代表孩子们能感受到的关爱。

在网络上看到一篇文章，一位幼儿园老师要一个孩子到角落罚站，结果家长向校方反映，担心这样的行为会影响到孩子的自信心，然后……

后续结果我没有去了解，不过我想，孩子的自信心应该是在一个持续稳定的环境中，以爱为基础，由正面的鼓励与负面的磨炼反复交叉、持续塑造出来的。没有父母以爱做正面的鼓励，孩子容易产生自卑的情绪，没有外在环境的磨炼，孩子容易妄自尊大，产生骄傲的情绪。说实话，别说孩子会有，我们大人自己都会有。有时候，当孩子在学校受到挫折时，当时父母亲的态度与思维导向，反而才是决定孩子个性的关键点。

回到罚站这个主题，对于叫孩子到角落罚站，我倒是想到澳洲小学一个处罚孩子的方式：思考角落。不管是思考角落还是罚站，其实采用的原理都一样，叫"隔离法"。讲到隔离法，说穿了其实就是要犯错的孩子离开群体，要他独自到一个地方"反思"错误。

既然都是隔离，所谓的思考角落，其实和罚站似乎没什么不同，但是在细节处，却又有许多不同的地方。

什么是思考角落呢？澳洲的很多老师都会在教室的一个角落，摆一张小课桌，放一张小椅子，在上面贴上"思考角落"几个字。桌上什么都不摆放，空空荡荡的。

一旦孩子行为有些偏差时，老师会先纠正孩子，但是当他们仍不听劝诲，依旧我行我素时，老师会很"严肃"地"请"不乖的孩子到思考角落去罚坐。有的时候，会让孩子什么都不做，只是单纯思考自己犯错的地方。有的时候，有些老师会给孩子纸笔，要孩子写下自己犯错的地方，罚错兼罚写。再严格点，不但要罚写错误，而且还要孩子写下改进的方法。

"思考角落"与"罚站"，两者最大的不同之处，我觉得有三点：

首先，是事前的布置。思考角落的设立很特别地让接受处罚的地方独立出来，尽管只是简单地多一张桌子和椅子，以及一张用来整齐书写的白纸，但就是这多出来的一点简单之处，就能让孩子感受到明显的不同，感受到老师的认真与严肃。孩子其实是相当单纯且敏感的，只是我们大人常常过度重视或忽视他们的感受，造成孩子在个性上不同的发展。

这就好比我们到别人家里拜访，主人热情地端出一杯热茶招待，与连白开水都没有会形成明显的情绪落差，就是那么一杯茶，我们大人就能有很不同的感受，更何况孩子？

其次，老师是"请"孩子去坐，与"叫"孩子去罚站，中间有很大的差异，却也有很大的模糊地带。不过，我看过一篇有关思考角落的教育文章，里面提到的一点我颇为赞同。这篇文章提到，不管老师有多生气，在命令孩子去思考角落就座时，无论如何，请记得加一个"请"字。有加"请"字与没有加"请"字，对孩子而言，会有落差很大的感受。有加"请"字的处罚，仍能让孩子感受到尊重而不会产生恨意，有时常能产生意想不到的效果。

最后，其实所谓的"隔离法"，主要的目的应该是要让孩子"反思"，而不是要给孩子体罚，既然目的不是体罚，那么，罚站与罚坐其实就没有如此大的差别了。而且，罚孩子坐有时候也是保护老师的一种方法。既然教育法规规定不能体罚，罚"坐"也能达到罚"站"的目的，何不罚"坐"就好？如此一来，也减少家长们找问题趁机发挥的空间。

一个小小的思考角落，其实布置起来真的不难，重点是这个角落，不只是正式的学校课堂里可以使用，父母一样可以在家里使用。许多家长也许会质疑，处罚就是处罚，有必要那么麻烦吗？但是我认为，那不是麻烦，思考角落的设立，比单纯地罚站，多了一份尊重与细腻，而多出的那一小部分，代表孩子们能感受到的关爱。许多地方或父母，对孩子的教导之所以成功，不就是在一些我们看不到或是没注意到的地方，特别地加以关怀吗？

澳洲教育并不是不处罚孩子，教育本来就应该是学问与规矩的多重学习，这里的教育只是不准体罚，但并不代表不能处罚。

坦然而言，思考角落在澳洲的教育界，其实与体罚、罚站一样，是有相当大的争议的。反对的声音认为这种处罚会影响孩子来学校的意愿。但这只是教育人员发表个人观点，并没有真正的反对或赞成。在澳洲，没有真正绝对好的方法，端看老师或教育人员如何使用。

美国知名教师隆·克拉克：

惩罚措施是必要的，是孩子品学进步的重要内容。

女儿的英文老师

尽管她是一个非常严格的老师，但是她对规矩的制定都是以身体力行的方式，带着孩子们实际操作，而不只是以教条或言语要求的方式来要求孩子们。

女儿的学校里，英文课的老师柏秋是一个让我们印象非常深刻的好老师。

一天半夜的时候，女儿爬起来梦游，喃喃自语地反复背诵一段英文诗。我和内人颇为惊讶，柏秋老师给女儿的英语教育竟是如此的深刻，以至孩子在梦中都记得当天的活动。我在旁边观察，女儿做的应该不是噩梦。

隔天起床，懵懵懂懂的，女儿向我们撒娇了一下后，自己走向书房拿起削铅笔机削起铅笔来，我看着她削完铅笔后，细心地把铅笔放到铅笔盒内，再仔细地把铅笔盒放在书包里，然后才兴高采烈地走进浴室洗手，准备享用当天的早餐。那一天，女儿有英文课，在自发地准备该天上课要用的文具。

第二天是女儿的阅读课，同时也是图书馆还书的日子。澳洲的小学每周孩子至少要阅读五本读物，女儿的学校是统一在周二上阅读课，当天会借至少五本书回家，同时归还上周借回家的书。上阅读课的那天，女儿什么都没准备，就跟着我出门了。

在上学的途中，车子已经行驶到一半的时候，女儿才猛地大叫："惨了，我忘了带要还的书本了。爸爸，你帮我跟老师说一下好不好？"到了学校，我先亲自带着女儿到图书馆，跟图书馆老师说明忘记带图书的事情，图书馆老师没有在意，只是笑笑要女儿下周记得带书来归还。问题是，隔周后的同一天，女儿还是忘了。

女儿是个相当活泼的孩子，有时会因为过度活泼，忽略了生活中的许多细节。我一直很纳闷，为什么偏偏对于柏秋老师的英文课，她却变得如此的细腻。我们发现，女儿身上有许多很好的规矩，都是柏秋老师培养的。

后来，有机会到柏秋老师的课堂担任义工，我才赫然发现，孩子的良好行为习惯的培养与身边的大人真的是息息相关。

不论是从谈吐与穿着，还是从教室中物品的摆放，都可以发现柏秋老师是一个相当整齐的人。她的个性相当温和，但是对于孩子有关规矩养成方面的态度，却相当坚持。

削铅笔就是一个很好的例子。在澳洲，尽管现代工艺发达，使用自动铅笔的风气也很盛行，但是不知道为什么，在澳洲的小学里面仍然流行着削铅笔。

削铅笔，对很多家长而言真的是件小事，尤其是对我们这些早就习惯自动铅笔的亚洲家长。我们要不就是忘了带削铅笔机，要不就是带的铅笔数量不够。每次总是要等到铅笔光秃秃的，孩子们在那边无笔可用，或是用那不够尖锐的铅笔，笨拙地写出丑丑的字来时，才会惊觉，铅笔好像还蛮重要的。

柏秋老师相当重视这些细节，孩子们写作时，她会要孩子们在写字前注意自己的铅笔与橡皮擦是否准备妥当。她认为通过适当提醒孩子们有关铅笔与橡皮擦的准备的方式，可以养成孩子们在做事前，准备好自己工具的习惯。

另一个习惯是英文课的发音。许多家长总是认为以英语为母语的外国人，每个人的发音都很准，说的就是标准的英语。说实话，这不尽然。即使是以英语为母语的澳洲人，不论是大人还是小孩，许多人在发音上还是不太标准。这情形就好比台湾人在说普通话时，常常会把"发疯"发成"花轰"一样。

在旁边看柏秋老师上课，会发现她真的非常重视孩子发音时的规矩。她教导孩子时，从来不会呵斥，而是亲自示范，努力地将嘴型改变成发音时最标准的口型，一遍又一遍，示范到所有的孩子都达到一定的标准为止。

后来，我们全家，包括女儿，也开始记得星期二的早晨，要收拾好图书馆袋，带图书到学校归还。这件事也颇感谢柏秋老师，原来不只是我们，许多家长与孩子都有忘记带书归还的坏习惯，隔天的英文课上，柏秋老师带着全班的孩子，一起做了一张时间表，上面清清楚楚地用图案与文字贴成一张时间表。当我们陪着女儿，把这张时间表贴在她的阅读角落后，再也没有忘记带图书归还的事件发生。

柏秋老师是一个好老师，尽管她是一个非常严格的老师，但是她对规矩的制定都是以身体力行的方式，带着孩子们实际操作，而不只是以教条或言语要求的方式来要求孩子们。因此，我发现她的规矩都能深深地烙印在孩子们的心里，转换成孩子们的好习惯。

许多父母常常只看到澳洲的教育充满自由，认为澳洲的教育规矩不多，其实并不尽然，只是这些规矩要不就是详列在一般家长没有注意到的课程纲领中，要不就是落实在许多教育者的实际操作中。因为所谓的规矩，其实不应该仅仅是贴在墙壁上的口号与宣教，而是应该由父母与教育者用行为落实在孩子们的心田里。毕竟，孩子们都是看着大人们长大的。

澳洲著名的教养书《与孩子一起规划》作者尼科尔·艾弗里：

规矩与计划是非常重要的，但是通常打破规矩与破坏计划的，却是我们大人自己。

框架下的自由学习

教师有非常大的权力与自由来决定学习的方法。不管用什么方法，只要不违反规矩，学生学得会，就是好的方法。

记得多年以前，当内人在台湾一所采用IB系统的小学担任教学组长一职时，学校的同事总是喜欢与内人开玩笑，称她是格子组长。因为每次开会的时候，内人总是很喜欢画一个又一个的框框，用来讨论课程的内容与设计。

内人喜欢画框框或框架的理由很简单，澳洲的老师在进行教育理念的规划时，就是这么做的，而这样也最清楚明了。澳洲每门课程的纲领，都像一个又一个的框架，因此，每当内人要与学校同事讨论课程时，第一件事就是画一个大框框。

如果到澳洲的小学参访，只是短期的参访，或是仅仅是一两堂课的参与，人们容易产生一种认知，片面地认为澳洲的教育很自由，没有框架的包袱，课堂上充满创意。于是一味地追求自由与创意，却忽略了规矩与框架的存在。

可是，学习并不是不需要框架的，这里的框架指的是学习的课程的纲领与规矩。

所谓的课程纲领，是指一份清楚详载孩子们在什么科目中需要学习什么内容的说明与教学的规矩。

举例来说，在新制定的澳大利亚国家纲领里面，就有记录小学五年级的数学应该学习到分数的什么阶段，如此一来，家长只要能参考一下课程纲领，再多了解孩子在这个阶段的学习情形，就能大致了解自己的孩子，在现在的学习阶段，能否赶得上同级生或是远超同级生。

又如，游泳课的时候，不能在游泳池畔的水泥地上跑步，水深多少公尺以下不得跳水等。

纲领的存在，主要的目的不是约束孩子们的学习，而是要让教师的教学与孩子们的学习有一个循序渐进的标准。许多亚洲家长，尽管来到澳洲，仍然想要孩子们从事医生、律师、精算师等学术性颇强的行业，于是总是希望孩子们提早学习，赢在起跑点。问题是，想要赢在起跑点，也得知道怎么赢吧。

举例来说，有个朋友的孩子是这样，从小父母就替孩子到处找补习班，补英文、补数学，孩子在小的时候的确非常优秀，是该学校的数理跳级生。

但跳级的结果是，到了中学八年级的时候，学校赫然发现，这个孩子没办法正确地做分数的加减乘除。

原因是，尽管这个孩子到处补习，但补习班的教学并没有按部就班，只是一味地做很难的题目。在澳洲，因为允许使用计算机，所以很多孩子到了中高年级，才发现竟然不会做分数的加减乘除，这种情形是可能发生的。

其实，父母本身希望孩子们能跳级学习并没有错误，如果孩子们真的对特定科目有兴趣，按照纲领的内容按部就班地学会该学习的内容，然后想要进一步地学习更高年级的知识或解答更难的题目，这其实一点错误也没有，反而值得鼓励。

真正的错误，应该是盲人摸象似的乱学，一味地想追求难题，却连基础都没有打稳。这造成孩子在数学的运算上，分配律都不懂，就想学因式分解；勾股定理还不会，就想学三角函数。

纲领是有必要性的，因为它代表着一个循序渐进的标准，这跟学习的自由一点关系都没有。

我深深感受到，澳洲教育最大的特色，就是从幼儿园开始，历经小学、中学、高中、大学、职业学校、进修教育，甚至公司、企业的教育训练，都有非常清楚的学习纲领与明确的规范。而且，这些纲领与规范，就像叠积木一样，不但能互相衔接，而且环环相扣。

这个特色对亚洲人而言，从幼儿园到高中教育阶段其实不算明显，因为亚洲大多数的国家在许多科目纲领的制定上，一点都不输给澳洲，甚至尤有过之。因此，澳洲的这个特色，在职业学校阶段与大学后的阶段才能表现得更为明显。

许多需要经验与技术，但学术性质不强的职业教育，例如理发、餐饮、修车等技职体系的科目，一样由政府统一，在学校教育里面规范得清清楚楚。也因为如此，澳洲的教育体系下，似乎没有比较强烈的职业歧视。

举例来说，想开垃圾车，一样得接受职业教育的专业训练，一样得进正规的学校拿到执照才能执业。如此一来，职业之间的专业差距，似乎就不像亚洲国家如此明显。

因为各个科目纲领明确，所以才有学习的自由。澳洲的学习自由，是指学习方法自由。因为纲领对应该学习的内容与规矩规范得清清楚楚，因此，对学习的方法就不会有明确的规范，教师有非常大的权力与自由来决定学习的方法。不管用什么方法，只要不违反规矩，学生学得会，就是好的方法。

澳洲人的做事方法，包括各式各样的工商业活动，都受到纲领教育颇深的影响。

在一个很大的框架下，往往规划着许多小框架，在每个框架里，每个人都有他的自由来进行他想要的活动或计划。然后，每个框架又能紧密合作，互相协调，稳步前进。从个体来看，澳洲人是非常慢的，一件日常生活中的小事，往往都要转三四个弯才能完成。但是，就整体而言，这些无数小框框整合而成的集合，却又能

爆发出相当大的能量。

澳洲昆士兰科技大学教育系教授安·法雷尔：

在学习之前，良好的课程规划是相当重要的，因为好的规划能够把教师教授的内容和学生的日常行为结合起来。

自由的背后

自由与创意的背后，却隐含着相当严格的规矩与规范，它并非只是任意地让孩子玩耍嬉闹。

我所看见的澳洲教育，在自由的背后，有着严格的规矩。

举例来说，游泳是怎么学的？

二〇一三年，我在学校的游泳课帮忙担任义工。每次上游泳课时，我得跟着女儿班上的同学——一群叽叽喳喳的小朋友一同搭乘前往市郊游泳池的游览车。当义工的原因，主要是前往游泳池的路上，需要有人陪同照看孩子们的安全。除了带班老师外，老师通常会发函征求家长们的协助。

这门游泳的课程，我从学期一开始就观察，一直持续到学期结束，整个课程有十周。

在这十个礼拜的时间里，只有坚持从头到尾，才能看得出游泳老师的用心与成效，以及整个课程的规划与规矩。

在前三周里，老师不教孩子们任何与游泳姿势有关的技能，只教

孩子们游泳课的规矩，并要孩子们自由自在地玩水。我印象最深刻的其中两个规矩，一个是绝对禁止在游泳池畔奔跑，另一个是禁止孩子们在浅水区跳水。除了这些规矩，孩子们可以自由自在地选择各式各样的水上活动。

孩子们可以选择在手臂上绑小浮板，或在腰间系上浮筒，自由自在地在水里载沉载浮，优哉游哉。有的孩子选择骑上色彩鲜艳的浮条，互相攻伐，玩水里的骑马打仗。有的孩子从第一课开始就水性优良，一下水就动个不停，有的孩子则是一开始会带点畏惧，但是在同学欢笑气氛的感染下，逐渐地也开始在水里载浮载沉。

在这段时间，老师没有给孩子们任何压力，除了安全的规矩外，唯一的要求就是要孩子们一定待在水里玩。老师没有示范给学生什么叫蛙式，什么叫蝶式，没有任何的教学，就是玩。但是令人讶异的是，三周过后，所有的孩子——真的是所有的孩子——全都能在水里漂浮，整个班级没有一个怕水的孩子。其中，也包括我那个天不怕地不怕，偏偏看到海浪就会害怕的女儿。

第四周开始，老师们才开始带孩子们游泳，教授的方式不是常见的蛙、蝶、仰、自四式，而是使用一个个浮在水面上的标的物，鼓励孩子们以自己习惯的方式，游向并抓取那个标的物，老师不会在乎孩子们用什么姿势，也不要求孩子们的速度，就是很自然地让孩子们自己游向那个标的物。

　　用这样的方式持续了三个礼拜，我又很惊讶地发现，全班的孩子几乎都能够以自己的方式，开始游一段较长的距离。当然，因为不同的孩子有不同的体力与能力，每个孩子游的好坏与距离多少有所不同，真正令我惊讶的是，在第七周结束时，孩子学会简单滑水的概率将近百分之百。

　　第八周开始，老师才开始教孩子们打水与划手的姿势，这时我才看到这学期孩子们学习游泳的姿势应该是自由式。因为几乎全部的孩子都已经不怕水，且可以自在地游一段距离，稍微练习一下，大部分的孩子就能快速地掌握自由式的基本动作，这个时候老师才开始慢慢地修正孩子们的动作，一个口令，一个动作。

　　我很庆幸，连续十周的时间，我都参与了孩子们的游泳课，看着这些孩子成长。我常在想，如果我只是在几周的时间里偶尔参观一下孩子们的游泳课，我一定会有不客观的想法，认为澳洲孩子们的游泳课都太自由了，好像在玩一样。如果我只是后几周来参访，那么我一定也会产生另外不同的想法，就是"原来澳洲的游泳课和亚洲式的教法，根本也没有什么不同，就是一个口令，一个动作"。

　　因为有机会在旁边看完整个课程，我才猛地发现，之前很多对澳洲教育的印象，似乎并不如以往。想象中的澳洲教育，总是很自由，很有创意、轻松，那几乎是一般民众对于西方教育既有的思维。但这次机会让我看到，自由与创意的背后，却隐含着相当严格的规矩与规

范，它并非只是任意地让孩子玩耍嬉闹。

　　课程之初，让孩子戏水不是任意的自由，而是目的性非常明确的规范：让孩子尽情地玩水，让孩子先不要怕水，并进而喜欢学习。这理念，不只相当明确地规范在游泳课的教纲里，还应用在其他各种初级课程的教纲中。

　　这件事让我深刻体会到，教育里所谓的自由必须是建立在明确的规矩与规范之下的。有规矩与规范的自由，才是教育；没有规矩与规范的自由，是放纵。

《牛津字典》对教育的定义：

　　教育是有计划且有步骤地给予并促进知识吸收的过程。

一年级就开始的勇敢

我很享受这个陪孩子走路的过程，虽然只是在旁边陪她说说话，但看着她从一开始的胆怯与害羞，到最后勇敢、大方地去面对，说实话，心情挺愉快的。

在澳洲，不同的小学会有很多不同的传统。

女儿念的私立小学与朋友的孩子念的公立小学有一个传统，就是要让孩子从小学一年级开始，学习在家长的陪同下，挨家挨户地去各个陌生的家庭拜访，目的是募集慈善基金。这样的活动，每年一次。

与女儿规划好募款的那个周六早上，女儿相当兴奋，早早地吃完早餐，不停地催我快快出门。在出门前，孩子的母亲其实已经用英文将如何自我介绍与募款的内容与女儿排练了很多次，我们也事先规划好了行进的路线。

因为不是只有我们才有这样的活动，身边朋友的孩子在去年及前年，也都有类似的经验分享，根据他们的例子，我们大致了解到，即使是简单的募款，中间也是有小小的学问的。

举例来说，房价比较高或是欧洲早期移民居住的地区，募款相对容易，募集到的款项也较多。老年人居住密集度比较高的地区，募款可能也相对容易。当然，这只是经验分享，不是绝对。因此，我特地开了十分钟的车，到一个朋友推荐的地区募款。

然而，任何事情都是这样，很多一开始我们认为很简单的事情，只有到了要做的当口，才知道那有多难。

尽管女儿平常不是个很怕生的孩子，我们事先也做了完整的规划，但一到了别人家门口，要去按门铃的时候，她还是退缩了。她瑟缩地跟我说："爸爸，你帮我说好不好？"我愣了一下，作为父亲，尽管表面一定要装得非常稳重，但心里其实已经幸灾乐祸地笑翻了："哼，你平常不是很调皮，很爱表现吗？现在真的需要你展示自己的时候，你却又缩回来。"

但是，为了教育，要呈现出父亲的高大形象给孩子看，我一定得表现出一副稳重成熟的样子。我大义凛然地跟孩子说："宝贝，你要自己说哦，试试看，不会有问题的。"感谢上帝，在三番五次的鼓励下，孩子做出她生命中的第一次陌生拜访。

人生的第一步很重要，我们非常的幸运，拜访的第一家人户主是一对退休高中老师，听女儿用细若蚊蚋的声音介绍完来意后，二话不说，回屋内找了三块钱硬币交给女儿，还热情地邀请我们入内喝茶，这真是第一个好的开始。

有了好的第一步，我发现女儿胆气壮了，不需要我的带引，自己

主动地牵着我的手迈向了第二家。

第二家到第四家，也都非常顺利，逐渐地我发现女儿胆气越来越壮，与陌生人沟通的音量也趋于正常，不再细若蚊蝇。

挫折发生在第五个拜访的家庭，户主是一对年轻的夫妇，还没听完女儿说明来意，就大声地说："抱歉，家里没现金。"然后，招呼也不打，就嘭的一声，关上大门。这个举动，让女儿在他们门口似乎错愕了一下。也许是之前其他人友善的态度与这户人家的行为形成很大的反差，我突然看到女儿眼中泛出晶莹的泪光。

事情又有点出乎我的意料，原本以为我该出言鼓励她了，但是女儿却紧抓着我的手，捏了一下："爸爸，他们不乖，怎么那么凶？"说完，又牵着我的手，迈向下一户人家。

整个募款过程花了一个早上，我们总共敲了十五家的门，募款总金额是二十二块澳币，我个人认为，整个过程教育的意义大于实质的金钱意义。

其实，我很享受这个陪孩子走路的过程，虽然只是在旁边陪她说说话，但看着她从一开始的胆怯与害羞，到最后勇敢、大方地去面对，说实话，心情挺愉快的。

我发现，勇敢与持续探索的态度，是在生活中通过经历各种事情不断累积出来的。女儿一开始的勇敢与尝试，也许是为了满足学校的要求或是我的鼓励，但时间久了，这似乎变成她的习惯。我们总是认为许多勇敢与勤于探索的孩子都是天赋使然，总是只看到他们的勇敢、大方与活泼，认为他们是愉快而且开朗的，却忽略了这些孩子在培养这些品格的过程中所遭遇的打击与挫折。但无论如何，多陪一下孩子总是会有许多意想不到的收获。

澳洲著名的教养书《向前一步》作者妮可·艾弗里：

对于容易忧虑与心思敏感的孩子们，父母在怜恤他们的同时，应该做一些鼓励与支持他们的事情。

主题乐园中的作业

给自己的孩子更多"实际操作"的机会，让她去了解这个世界，而不是单单从书本与网络上撷取需要的知识。

朋友的两个孩子，分别请我协助他们完成物理作业与数学作业。在澳洲，高中孩子的评分成绩不是只有考试，通常作业也占了很大的比例。有些学期甚至只以作业成绩评比，没有考试。

高中的数理作业已经像极了大学中的专案报告或是职场上专案计划书的初步模型，尤其是数学或物理，很多作业都必须到现场探查，并取得第一手资料。略为令我讶异的是，这两个孩子搜集两份作业的资料都是在主题乐园完成的。

昆士兰州有三座相当知名的主题乐园，其中的一座——梦幻世界，就是这些学生搜集资料的地方。

第一个孩子的物理作业，是带他到梦幻世界里玩，但在玩的同时，必须根据老师事先写好的作业索引搜集资料。梦幻世界里有一个以自由落体为主题的游乐器材——大坠落，类似台湾六福村的大怒神。

大坠落的乘坐台会将乘客载至高空，然后以接近重力加速度的速度垂直落下，在降落前的一瞬间，才依靠机械将乘坐台紧急停住。这类型的游乐器材都是采用物理学中的自由落体原理设计的。

孩子们必须学习用摄影机，根据时间，拍摄下大坠落从开始坠落到停止的片段，然后根据搜集的资料回去计算，并根据计算成果讨论相关的物理现象，最后撰写成报告。

数学作业的主题则是微积分中的积分问题。在梦幻世界一进门处，有一个很大的水池，孩子们必须互相合作，拉开皮尺分组丈量池塘的实际面积，然后将池塘绘制成图，再用各种学过的数学函数模拟池塘的边线。最后，分别用梯形法与积分公式估算出池塘的实际面积。

朋友的孩子念的学校，国际学生大约占了十分之一。许多来自亚洲的小留学生，从小习惯了老师讲解题型、不停计算各种参考题的考试模式，因此，对这种做报告的方式很难接受。许多孩子开始抱怨，并忍不住与亚洲的学校做比较："玩就玩，还做什么报告？""做个报告，搞得这么麻烦做啥？""国内多好，做报告抄抄参考书多快。"甚至，他们干脆忘了来这里的目的之一是要调查资料，就自顾自地在旁边玩耍起来了。

其实，对于老师以及校方而言，如果只是为了满足这些孩子完成作业的需要，不必如此麻烦。他们或许可以换种方式，现在科技这么发达，坐在教室里面，网络一连接，投影机一放，马上就有许多资料

可以查询，有许多物理短片可以观赏，或是发下考卷，打开参考书，老师只要花二十分钟讲解一下题型，剩下的时间让孩子们练习做题，多轻松！

此外，对于校方而言，带一大伙学生到游乐园观察，有多少事先准备与成本要付出？他们得联系游览车公司、承担保险费用和应对带学生出游的风险、学生三不五时的迟到等诸多状况。如果要轻松地上课，其实校方与老师们完全可以不需要这么累的。

但是，这就是澳洲的教育模式，从小到大，从幼儿园开始一直到高等教育结束，我们会发现不论是在哪一个阶段，教育的理念之一就是"实际操作"，将现实生活中的不同侧面与元素融入教育中。

以建筑工程师为例，最起初的工作内容，不就是临场的勘探与丈量，然后再加上学校所学的物理与数学知识，他们才开始撰写工程计划书？这些学生在当下，可能还没有领略到，他们现在所做的作业无非就是以后选择工程科系的孩子们现实工作情形的缩影，这些学生却可以在高中时代就开始接触这些现实社会的实际情形。这些学生通常都要上了大学，面临更大的专案报告时，才会猛然发现，当初高中所接受的物理与数学作业的训练是多么的实用！

这件事带给身为家长的我一个启发，我应该开始给自己的孩子更多"实际操作"的机会，让她去了解这个世界，而不是单单从书本与网络上撷取需要的知识。后来，我们的确常常带着孩子去逛五金百货，亲身接触生活中的各种工具，我很惊讶地发现，孩子增长的不只是现实生活中的常识，在语言能力方面，她记忆单词的能力也有显著的增强。"实际操作"真的是教育中最重要的一环。

被称为美国发明之父的本杰明·富兰克林：

告诉我，我会忘记；教我，我可能会记得；让我参与其中，我才得以真正学习。

不停止地尝试

在制作的过程中，其实很多步骤并不完全正确，甚至有些工具与雕刻的花纹，我们都是第一次尝试。但是正如他所说的，只要我们愿意定下心来，不断地尝试，很多错误与失败都能避免，最终总能找到方法解决问题。

邻居柏森是一所知名高中的数学老师，同时也是一个数学博士。澳洲有些高中老师拥有博士学位，甚至有些小学老师也都拥有博士学位。不要问他们为什么念到博士还只是当个基层教师，因为他们一定会用狐疑的眼光看着你，心里想："为什么我念到博士就不能当小学老师？"

在一个酒足饭饱的夜晚，我和柏森聊起学习的问题。

"我初中之前，数学很不好，常常差点留级。"柏森酒意微醺地说。

当一个数学博士很认真地告诉你他的数学不好时，老实说，我真的不知道怎么接下去，只好静静地问："然后呢？"

"然后，有一天我突然想到，既然我可以打电动一次打十几个小时，为什么不能把这份精神用在学习上呢？"柏森说。

"打电动其实挺无聊的，说穿了，不就是拿把武器不断重复地打怪物？既然如此，我就尝试着把这份毅力转移到日常生活中。"柏森继续说。

"然后，你数学就是因为这样变好了？"我问。

"是啊，说实话，教书这么久，我还没看到过因为很笨而学不好数学的孩子，真正有问题的孩子都在特教学校，由特教老师教导。正常情况下，许多被认为很笨的孩子，往往都是畏惧尝试。我自己也是这样。"柏森笑着说。

接着，他又接下去说："说实话，这观念倒不是我自己想出来的，是我的父亲告诉我的。我父亲是个修车技工，小时候我挺崇拜他的，我总觉得世界上没有他不会修的东西。但是他总是告诉我，他修理得好的秘诀是不断地尝试。"

"就这样？"我问他。

"是啊，就这样。"他回答。

"错了，就换一个方法；再错，再换一个方法。很多家长都问我，怎么样才能把孩子的数学教好？我总是告诉他们，与其想找数学学好的秘诀，不如鼓励孩子们努力地尝试。大部分数学不好的孩子常常都是一看到问题，就愣在那里发呆，试都不愿意试。"他继续说。

"那另外的少部分呢？"我故意刁难他，抓他的语病。

　　"另外的少部分啊，只尝试一次就放弃了。"柏森笑着说，似乎知道我在刁难他，脸上有着一份促狭的笑容。不愧是柏森，怎么问都问不倒。

　　最后，他下了个简单的结论："其实不只是生活，即使在学校里，你不觉得我们教育的宗旨就是要孩子们不断地去探索、不断地尝试吗？"

　　柏森是澳洲朋友中，与我们非常谈得来的一位，我们与他的交集不只是数学。他不但是一个拥有博士学位的优秀高中数学老师，还是优秀的网球选手、木匠、烹饪家、钢琴家。

　　世界上有很多听起来或看起来什么都会的人，往往都是言语上的精通，一旦实际去做，马上会发现实际情形与言谈内容上有颇大的差距。但柏森并不属于这种人，我对柏森的观察并不是从言语而来的，而是从他的行动与居家的环境得来的。

　　他车库内的木头鞋架，是我与他一同开车到五金行，选料、裁切、抛光到钉装，一步步一起完成的。在制作的过程中，其实很多步骤并不完全正确，甚至有些工具与雕刻的花纹，我们都是第一次尝试。但是正如他所说的，只要我们愿意定下心来，不断地尝试，很多错误与失败都能避免，最终总能找到方法解决问题。

　　柏森的家里整理得一尘不染，种满了花草的水泥花台是他一砖一砖砌起来的。围着房子的木篱笆是他自己参考五金行的手册，用一片又一片的木头搭建起来的。在他家里与他聊天，喝一杯他煮的研磨咖啡，享用他亲手做的起司蛋糕，我才真正深刻体会到，这一切都是通过不断的尝试所取得的。

曾经与我一起修过课的昆士兰大学数学系鬼才：

　　我没有比你们聪明啊，只是在你们还在聊天吹牛时，我已经在脑袋里多尝试了几次失败的算法。

陪孩子探索的忍耐

他们不是训练孩子从小狂背一堆英文单词，做许多很深的数学题目，而是从生活中，一步一个脚印地，培养孩子的探索能力，训练孩子独立的能力。

校长彼得的女儿艾丽丝，小小的年纪——六岁，已经懂得用照相机到处拍照。令人惊讶的是，拍出来的照片都具有相当的水准，影像非常清晰，看得出手完全没有抖动，像是大人拍的一样。小小年纪的她，总是对事物充满了好奇心，积极地想去了解这个世界。

有一天彼得邀请我们去吃早餐，正在准备早餐的正是彼得的太太丽娜与女儿艾丽丝，早餐的主题是蛋饼搭配起司与咖啡。令我讶异的是，煎蛋饼的人竟是年仅六岁的艾丽丝，丽娜只是在旁边陪着，有时帮忙搅动一下面糊，打打下手。

年仅六岁的孩子，拿着彼得特地帮她买的平底锅，熟练地一块又一块地煎着金黄色的可口蛋饼，每隔数十秒，还不忘拿着铲子将蛋饼翻一下。当时我想，天啊，这个小孩才六岁。当然，毕竟是六岁的孩子，小手握着汤瓢，偶尔会有面糊溅溢出来，还有炉台上一片又一片面浆洒下的痕迹，它不断提醒我，这份早餐的主厨是一个年仅六岁的孩子。

享用早餐的时候，我向彼得请教他教孩子的秘诀，他笑着跟我说："不要因为孩子的技能不好而责骂她。"

我听不太懂，直接问："什么意思？"

他喝了一口咖啡，回答我说："做大人，我们要很清楚责罚孩子的目的。如果艾丽丝是因为没礼貌、态度随便、说脏话，或是懒惰等道德与行为的问题犯错，我们会很严格地处罚她。但如果艾丽丝是因为生活上的技能不熟练，我们从来不会因此而责罚她，反而会很有耐心地陪伴她。"

接着，他指着炉台上一台佳能的照相机，说："你看，艾丽丝的那台照相机摔成这样，我们从没有因为她在照相时手拿不稳而责骂她。"

接着，他又指了指依在母亲身旁，帮母亲翻着蛋饼的艾丽丝，说："喏！你看那个台子，有些家长早就不耐烦地叫孩子一边凉快去了，你受得了做顿早餐，厨房弄得像战场吗？这需要耐心啊！"

接着，他又打趣说："现在的家长更容易了，给台平板电脑就解决掉所有的问题了。"

讲到这里，我突然明白了。小小年纪的艾丽丝，能够如此的独立自主，如此的聪慧，对任何事物都充满好奇心，根本就是建立在父母的耐心的基础上。

艾丽丝的那台照相机不是普通的照相机，虽然达不到专业摄影师的使用标准，但是供一般家庭使用绝对绰绰有余，我想，如果是一般的家长，也许早在孩子第一次失手摔下去时，就开始大声地责骂孩子，甚至以后不准孩子使用了。

一样的道理，做份早餐需要那么麻烦吗？陪着孩子打蛋，陪着她搅和面粉，还得提心吊胆地看着她用颤抖的小手，洒了一地的面糊。彼得与丽娜都是教职人员，平常工作已经够忙了，难得一顿假日的早餐，不但得陪孩子"瞎搞"，事后还得给"战场"清场。

但是，这对父母真的就是这样，陪着他们的孩子，用耐心一步一步地建构孩子在生活上的各种技能。他们不是训练孩子从小狂背一堆英文单词，做许多很深的数学题目，而是从生活中，一步一个脚印地，培养孩子的探索能力，训练孩子独立的能力。

从小到大，我们读过很多名人的教养故事，这些故事在当时阅读的时候，就只是故事罢了，总是要等到自己有了孩子，遇到许多教养的问题时，才会有较深的感触。孟母是个了不起的母亲，在生活如此艰难的环境里，还能坚持搬了三次家。搬家啊！买房子那可是大事，吃饭都吃不饱了，还为了孩子的教养不断换房子。爱迪生的母亲也是个了不起的母亲，一个被老师批评为愚笨与有自闭倾向的学生，在爱与耐心的教导下，最终变成一个伟大的发明家。这些母亲都很了不起，但毕竟与我们有一段遥远的距离。

然而，彼得与丽娜这对澳洲夫妇的真实故事却给了我们一个直接的感触，原来在我们身边，还是有这么多的父母，用如此的耐心不断地陪着孩子们。后来，我们夫妇把他们的故事当作自己教养的原动力，每当遇到教养孩子的问题或脾气又开始暴躁时，总是会想想这顿早餐，然后缩回想用平板电脑打发孩子的双手。

> 美国著名教育专家、伊利诺伊大学教育学院退休教授比尔·艾瑞斯：
>
> 你的孩子需要你用大部分的时间来爱他，帮助他找到自我，而不是花去所有的时间来纠正他。

高中的实习课

大人们其实可以很容易感受到孩子们对实习课的喜爱与兴趣，因为对于每天都得乖乖待在校园里的孩子们而言，换个不同的环境，体验一下不同的生活模式，还真的是一件相当新鲜有趣的事情。

在澳洲，十一年级之后采取的是选修制度。孩子们必须根据兴趣与志向选修学习的科目。举例来说，想念医学院、工程、生化或数理等专业的，大多会选高等数学，搭配生物、化学或物理等科目。想朝着语言或艺术方向发展的孩子，大多会在母语外加选一门语言课程，来搭配艺术以及与语言相关的科目。想要念法律及商业方面专业的，除了数理外，可以加选一门与法律、会计或商业相关的科目。而决定孩子们能否申请到心目中理想的大学的，一样是在校的成绩，所以他们仍然必须彼此竞争。但是，除了学科成绩外，成绩计算还有其他许多加权项目，其中一项我觉得很有意义的，就是实习课。

所谓实习课，就是从八年级开始，学校会与外面的企业合作，由企业主提供给孩子们假日期间为期一周到两周的无薪工作。这份工作可以由学校去洽谈，也可以由孩子们自己去合法企业申请，通报学校同意。

大人们其实可以很容易感受到孩子们对实习课的喜爱与兴趣，因为对于每天都得乖乖待在校园里的孩子们而言，换个不同的环境，体验一下不同的生活模式，还真的是一件相当新鲜有趣的事情。

通常八到九年级时，不管是学校提供的工作，还是孩子们自己找的工作，都会集中在餐厅、饭店、咖啡店等比较基层的工作。但到了十一或十二年级，因为配合选科与大学志愿的问题，学生们在找寻实习工作时，就会根据他们心目中的理想志愿来调整了。

举例来说，到了十二年级，举凡想念医学相关科系的学生，大多会参加由医院提供的实习工作，亲自体验医院的工作环境与工作氛围。而想读法律科系的孩子们，则会由学校引荐到律师事务所或法院实习工作，实地了解律师与法官的工作情形，让孩子们自己通过观察，与心目中的理想工作相对照。

我还记得四年前，有一个朋友的孩子，是一个相当乖巧且机灵的小孩，但就是不太爱念书，在八年级时，她一直认为在咖啡厅工作是很轻松而且很酷的。然后在她九年级时，一个为期两周的学期假日，孩子的母亲陪同孩子找了一份咖啡厅的工作，让她去实习，一天八小时，早上六点到下午两点。

实习的咖啡厅就在我们家附近的购物中心。那两周，下午去超市采买时，偶尔还会遇到这个孩子刚好"下班"，手里拎着店里剩下的蛋糕，兴高采烈地准备回家。

就在孩子工作结束的前两天，下班时分，我又在超市附近遇到她，孩子很有礼貌，远远地脸上就露出笑容，大声向我们问好。我们夫妻停下脚步，笑着与她聊起来："怎么样，工作好吗？"

"累死了，好累哦，每天一直泡咖啡，又要快，有时客人还会嫌你泡得难喝。"孩子开始大吐苦水。

"呵呵，所以你以后还想开咖啡店吗？"内人在旁边笑着问她。

"不了，我觉得还是念书比较适合我。"孩子用力地摇着头说。

这个孩子一直很喜欢动物，到了十年级后，她立志当个兽医。去年，那个孩子十二年级时，实习课安排在一个私人的兽医诊所。年底，她以全校第一名的优异成绩申请到兽医专业。

在澳洲，即使是在计算申请大学成绩的最后一年，孩子们一样会参加实习课，并不会因此而偏废。因为实习课是在协助孩子们更早地接触社会，同时，更能让学生实际地了解到自己的性格，到底自己是不是真的适合心目中想要的工作。它能鼓励孩子们实际地去了解真实的社会，并进一步帮助孩子们找到学习的动机。

美国福特汽车创办人亨利·福特：

　　人生是无数经验的累积，即使有些事难以了解，但每次经验都会让我们成长。

第七章 阅 读

IB课程与澳洲的小学教育

其实指定不指定教科书并不是小学教育的重点，重点应该是如何培养孩子们学习的习惯，如何引导孩子自发地学习，而阅读才是培养孩子们自主学习的重要方式。

这也许是一篇枯燥的短文，但不吐不快，还是想聊一下。

国际文凭组织（International Baccalaureate Organization，简称IB）是一个非营利性的教育组织，向全世界的国家提供三种教学项目：小学项目（PYP）、中学项目（MYP）和大学预科项目（DP）。截至目前，全世界有超过一百三十个国家、将近三千所学校采用了这些教育项目。美国常春藤名校、英国的牛津大学与剑桥大学、澳洲的八大名校等都很乐意接受学习IB课程的学生，昆士兰州政府为学术精英成立的名校昆士兰学院采用的也是IB课程。

IB课程的严谨程度并非坊间的补习班可以比拟的，一个课程纲领能够推广到全世界，并被世界各知名大学认可，想必有其独到之处。

但是，在对教育不熟悉的家长眼中，IB这个组织却非常奇怪，IB的初中部与高中部教科书与题库非常多，而且教科书编撰得非常严谨，题目也相当有深度，其中的进阶数学部分的难度其实已经算是理科的大学微积分程度。我曾经教过许多在澳洲IB课程学校选修进阶数学的孩子，他们都是拿台湾补习班考研究生的微积分题目来练习的。

奇怪的是，偏偏就是IB的小学部一本指定教科书都没有，只有推荐用书。原因无他，IB课程的基本精神认为，一到六年级的孩子，基本的阅读能力与探索能力比拼命做题重要。

最近十年，澳洲对整个国家教育做了一个很大的修正，仔细地研究这个新的纲领可以发现，澳洲政府在初高中教育的深度与教科书的编撰上，都进行了很大程度的改革。但是，和IB课程一样，澳洲新的教育制度规定，虽然初高中开始使用大量的参考书，但是小学仍然没有教科书。并不是澳洲教育与IB课程拒绝教科书的使用，IB课程与澳洲的学校仍然会推荐小学部的家长们许多学习上的用书，只是这些教育工作者普遍认为，在小学时期，培养孩子的阅读能力才是重点。

许多家长常常认为，不使用教科书是一种不专业的教学行为。但实际上，并非如此，我们用两个例子来说明。如果指定教科书，老师可以这么教：大家打开课本第几页，一起念，念到第几页，好，下课。当然，认真的老师会另外整理许多资料给孩子们。但如果不指定教科书呢，老师能怎么教？老师自己得在假日勤跑图书馆花三小时找资料，再另外花两到三个小时影印书本、编辑讲义，然后才有办法带班上课。或是把整班带到学校图书馆，教孩子怎么自己找资料，带着

孩子阅读。

坦白说，如果有教科书，看起来专业，家长喜欢，教起来又轻松，何乐而不为呢？但是为了孩子好，为了孩子未来能训练出自己解决问题与阅读的能力，死板地执着于教科书的想法就未必恰当了。

其实指定不指定教科书并不是小学教育的重点，重点应该是如何培养孩子们学习的习惯，如何引导孩子自发地学习，而阅读才是培养孩子们自主学习的重要方式。因此，不管是IB教育还是澳洲教育，重心并不会放在指定或不指定教科书上，而是放在如何引导孩子们阅读，养成孩子们探索与自主学习的习惯上。因此，IB课程与澳洲的小学教育，虽并没有指定教科书，但是有非常丰富的阅读课。

许多亚洲的家长在接触到澳洲或IB课程的小学教育后，总是会下意识地认为，这些孩子还真轻松，不用在补习班填鸭式地拼命做题，也不用每天捧着课本猛背，真幸福。其实，只是这些孩子学习的方法不同，他们用广泛的阅读取代了填鸭式的解题与记忆，以此获取所需要的知识，如此而已。

美国著名心理学家与哲学家威廉·詹姆斯：

当孩子们能开始自在地阅读时，就好像鸟类能自由地在天空中翱翔一样，他们也能在另一个世界的天空中飞翔了。

从小开始的阅读角落

不要忽略读书角落的重要性，对于孩子们而言，读书角落就好像房子对于我们大人一样。

二〇一三年一月，我正在电脑前抬头写作，在旁边涂鸦的七岁女儿突然停笔，转头跟我说："我要去收拾我的读书角落了，那里太乱了，你帮我一起收拾好不好？"接着自言自语："图书馆借回来的书根本没放好，中文书与英文书也都没分好，到时候妈妈又要骂人了。"

听她说到这里，我脑中已经有点讶异，不过我很高兴地听到，她会主动想把自己拥有的书本，按照英文与中文分类放好，甚至想加上一区，专门摆放图书馆借回来的书。这种变化其实我自己都没有想到，当然作为一个父亲，女儿有这样的变化，心里只会高兴。

我的家里有很多书，有我的书，有内人的书，也有孩子满满的书。原本大家的书都是摆在一起的，一人一个书柜，排排而立。

但是后来，在女儿三岁的时候，也就是二〇〇九年，我在澳洲参

加了一个当地图书馆举办的演讲活动，从那时起，我才开始改变家里摆放图书的心态。

那个演讲邀请的是一个在澳洲颇有名气的儿童绘本作家。还记得那一天，我们一家人浩浩荡荡地带着那位作家的作品，跑去请他签名。

老实说，限于英语程度，整场的演讲内容我都快忘光了，印象中我只记得是介绍家长如何陪小孩子阅读之类的。

不过，最精华的部分，我倒是记得一清二楚（很简单，其实我记得的部分，当然就是精华部分啦），那位澳籍绘本作家是这样说的："想要让孩子们喜欢阅读，很简单，请专门替他们准备一个读书角落。不要忽略读书角落的重要性，对于孩子们而言，读书角落就好像房子对于我们大人一样。"

又说："就像大人度假的心态一样，即使外出度假时住的是范思哲酒店这样的高级饭店，但最让我们觉得舒适与放松的，仍是自己每天居住、一手整理的家。那么，孩子的读书角落，就像他的家一样，孩子的家都是书本，他们当然喜欢读书。"

这个作家的比喻打动了我，让我下定决心帮孩子打造一个读书角落。说是打造，好像一副很难的样子，但实际上，说穿了不就是跟老婆手牵手，一起去宜家逛逛儿童家具店，买一个孩子喜欢的书柜吗？然后回家挑一个好地方，大家一起一二三，把孩子的书一股脑地搬过去，然后铺上一块同样是在宜家买的儿童地毯，放几个女儿最喜欢的玩偶，这样任务就完成了。

世界上的事情就是这样，在没有决定要做之前，总是有诸般借口。但是一旦下定决心执行，才发现很多事情并没有想象中那么复杂。

对于阅读角落，其实内人已经跟我提过这个建议相当多次，但我一直以"澳洲的图书馆就很好了""家里孩子的书已经够多了""我们给女儿接触图书的机会已经很多了"等理由搪塞了过去。

也许我自己就是这样，有时候武断地听不进去枕边人的忠告，总是得等到某专家或是外人的提醒，或是受到了教训时，才会恍然大悟，原来许多真理或专家，身边就有。

我很喜欢那位澳籍作家的比喻，孩子的读书角落就像大人心目中的家一样。说实话，也就是这个生动的比喻，深深地打动了我，让我将许久未付诸的行动实现了。

读书角落布置好了以后，我与孩子的母亲在她前面宣布，这个小小的角落就专属于她了。当我们说完这句话的时候，马上我看到一道完全不同的神采在孩子的眼中闪过，孩子的脸上露出一股新奇与满足的笑容。

"我可以把泰迪和宝贝搬过来吗？"孩子充满兴奋地问。

"当然可以，这是属于你自己的地方，你可以自己布置。"我们异口同声地说。

"那我可以把乐高也搬过来吗？"孩子有点过度兴奋，欲罢不能。

"噢，好啊！不过，这是你读故事书的地方哦。"我提醒她。

"好！好！我知道，我要整理了，爸爸要不要帮我？"难得孩子

竟然主动要整理一下自己的环境。

说实话，我自己也没想到，只是改变了一下放书的格局，换一个便宜的书架，铺上一块地毯，就可以引起孩子这么大的共鸣。

因此，我得到一个结论：有时候，如果孩子不想做，并不是孩子不好。绝大多数时候，似乎总是作为大人的我们，忘了给孩子创造一个适当的环境。这个道理很简单，但我们常常忘了。

大人们真的应该为孩子们准备好一个安静的阅读角落，并且要求他们每天能在这个固定的角落，持续阅读一段时间，这自然能培养好孩子们的阅读习惯。

澳洲著名的教养书《为什么学校在走向失败》作者、资深英语老师、国家课程纲领编撰者之一凯文·唐纳利：

学习阅读就是学习如何生活。

女儿的家庭作业

我其实很高兴，澳洲大大小小的学校仍然保持着这个风格，没有流行所谓的名师，也没有什么惊天动地、瑞气千条的快速学习法，简简单单的，就是家长与老师凭借一个图书馆袋进行交流与互动，扎扎实实地养成孩子们阅读的习惯。

澳洲的小学，孩子上学除了要购买制服外，还要跟着购买"图书馆袋"。每个学校都有各自的图书馆袋，上面印着学校的校徽。一开始，我以为图书馆袋是强迫性的，因此女儿念学前班的时候，就跟着买了。后来，发现女儿班上有很多同学都是用自己的书袋，在女儿升入一年级后，我们也跟着改用自己的袋子。

图书馆袋最大的用途是配合学校每周一次的图书馆课，澳洲的学校从学前班开始，孩子每周都会有一堂图书馆课，每周必须从学校借书回家阅读。

女儿在学前班的时候，我记得每周必须借阅的书是三本，到了小学一年级，借阅的书变成五本。配合学校的图书馆课，女儿的家庭作

业也随着年纪渐长有所不同。

我记得非常的清楚，在学前班的时候，女儿的家庭功课是"请家长直接念故事书给孩子听"。这份作业是给家长的，不是给女儿的。

以下是学前班的老师在学年初的时候，写给家长们的通知信中令我印象深刻的一段：

亲爱的家长：

这个学年，每个礼拜孩子们都会从图书馆借阅三本书回去，我会依照孩子们的程度协助他们选取适合的书籍。

以孩子现在的年纪，他们刚好处于认字的阶段，所以，关于这三本书，请你们直接念给他们听。在学前班的年纪，孩子们还刚处于认字的阶段，由父母们念故事书给孩子们听是培养他们阅读习惯最好的方法……

后来，女儿升入小学一年级以后，因为她母亲工作调动的关系，女儿换了一所小学就读，女儿一样必须准备一个自己的图书馆袋，唯一的不同，是借阅的书籍从三本变成了五本。而另一个最大的不同，是女儿的家庭作业从"请家长们念故事书给孩子们听"转变成"请家长们听孩子们读故事书"。阅读的程度升级了。

以下一段，是小学一年级的老师在学年初时写在联络簿内的通知：

亲爱的家长：

孩子们每个礼拜都会从学校图书馆借五本书。

请家长们陪伴孩子们阅读这些故事书，您可以要求孩子们主动读故事书给您听，并于孩子们读完每本故事书后，陪同孩子们在阅读记录本上写下他们的想法……

从小学一年级开始，除了图书馆袋以外，女儿多了一本像家庭联络簿的本子，本子上用彩色笔与铅笔，满满地画着读过书本的记录。

随着时代的变迁，借阅图书的习惯似乎渐渐地越来越少了，很多纸质书也逐渐地被电子书取代。然而，不管时代如何变迁，阅读工具如何改变，不分种族，不论性别，也不分老幼，阅读的能力在学习知识的环节中都是最重要的能力之一。

阅读，本身就是教养里面最基本，也是最重要的元素之一。

我其实很高兴，澳洲大大小小的学校仍然保持着这个风格，没有流行所谓的名师，也没有什么惊天动地、瑞气千条的快速学习法，简简单单的，就是家长与老师凭借一个图书馆袋进行交流与互动，扎扎实实地养成孩子们阅读的习惯。

孩子阅读习惯的养成，的确不是件简单的事，但是一旦养成了良好的阅读习惯，要丢掉这个习惯，我想其实也不是很容易的事。

我曾听过一些家长质疑，在澳洲的小学，为什么没有所谓的参考书或课本，因此抱怨澳洲的小学教育很不专业。我想，这些家长一定

忽略了这门最重要的家庭功课——陪孩子们阅读。

澳洲著名的作家、心理学家、社会学家、资深教师休·麦凯：

父母应该时常读各式各样的书给孩子们听，老师们则应该准备好各式各样的方法教给孩子们读写能力，如此才可以兼顾到孩子们的能力发展与学习需求。

念中文书，英文却比老外好

阅读是一种好习惯，好习惯的养成很难，但是一旦养成这个习惯，真的不会消失掉。女儿良好的阅读习惯是由阅读中文书开始的，习惯一养成，她自己就会应用在不同的语言上，完全不需要操心。

澳洲的学校，每到特定的节日都会有一些活动，也会邀请家长们来校参与。今年的复活节，刚好学期的第一个季度结束，在放假的前两天，女儿的老师办了一个小活动，时间不长，大约一小时，邀请家长们来班上陪孩子们做活动。

我特地在送女儿上学后，抽空留下来参加这个活动。

活动的内容很简单，孩子与父母各自分开，由一年级的小学生们自己向父母们介绍他们这个季度在学校所学的内容。介绍的内容并不复杂，每个孩子都有一本大大的写作本与数学本，由孩子们一页一页地翻开，兴奋地展示给家长们看。

不像台湾的写字本与数学功课本，一格一格划分得清清楚楚，澳洲小学一年级的写作本与数学本，真的是用来"展示"的，因为那根

本就是一本"剪贴簿"：大大的图画本上，不管是数学还是英文，一定都有各式各样的绘图来辅助学习。这些写字本与数学本平常都是放在学校的，不会带回家，因此，要看就是得趁现在。

看完女儿的写字本与数学功课本后，女儿嚷着要念英文故事书给我听，那是澳洲小学教育里很重要的环节之一。小孩的群起效应与模仿效应是惊人的，在女儿说要念故事书给她的老爸听后，周围的小孩们也一个接着一个全都跑到书柜前，嚷着要念一念故事书给他们的家长听。

我想把这可爱的画面分享给大家，一群可爱的小孩，各自依偎在长辈的身边，念着自己挑选的故事书，有的撒娇似的倒在父母的怀里，有的是正经八百地坐在长辈旁，一个又一个，依次大声地朗诵出这学期识字的成果。

一方面听着女儿的朗诵，一方面观察旁边的孩子，慢慢地，我发觉情况有点出乎意料。我有点惊讶地发现，女儿的英文能力在班上算是挺好的。至少在阅读能力上，比起周围的澳洲人，女儿不但不输，竟然还好很多。

女儿的班上，只有她一个黑发姑娘，其他都是金发碧眼与褐发棕眼的澳洲人。在家里的时候，为了保留女儿的中文能力，我们一直保持着讲中文的习惯。此外，每天临睡前，我们一定会坚持至少念一本中文故事书给她听。

因为女儿的英文环境还是比不上澳洲人，内人与我对于孩子在学校的英文表现，会多上那么一点担心，担心因为家里的英语环境不足，孩子在学校的英文表现会追不上同学。而事实并非如此。

很多人常有一个迷思，认为把孩子送到国外，英语就会变好，其实那是一个不客观的想法。一种语言要学习得好，主要是靠接触与使用的频率，而非只是单纯地改变环境。改变环境，只是让孩子接触和使用该语言的频率增加，让孩子不得不多使用英语，这样英语自然就会进步。

后来，经过内人与我反复的思考与观察，发现女儿的表现还得归功于她的阅读能力。虽然我们特地给女儿准备的中文书多过英文书，但因为阅读的习惯已经养成，所以她的英文能力与中文能力同时并进。人为的环境，比不上孩子们自己的好习惯。

这次活动以后，我才开始注意到女儿这方面的习惯。我发现女儿喜欢到处乱看，看到字就去辨认，不分英文与中文。开车载她的时候，车内不准阅读，她就看外面的广告标语，照着标语念。饭桌上有一份广告传单，在等待晚餐时，她会习惯性地拿起广告传单，一个字一个字地看她觉得新奇的词语。家里买新家具，她在旁边陪着我组装的同时，一样拿起说明书，问我说明书上的字是什么意思。

去博物馆或动物园参访，惨了，这是我们最甜蜜的灾难。澳洲的动物园或博物馆里，每种动物或展览都有很详细的介绍，最近几年，许多地方还加上许多不同语言的注解。每到这些地方参观，一样，女

儿又开始到处乱看，结果是一堆不知如何回答的问题。

阅读是一种好习惯，好习惯的养成很难，但是一旦养成这个习惯，真的不会消失掉。女儿良好的阅读习惯是由阅读中文书开始的，习惯一养成，她自己就会应用在不同的语言上，完全不需要操心。这让我想到许多年前，在台湾遇到许多家长，为了让孩子们学习英文，他们竟然让孩子们完全不接触中文书，其实那是本末倒置的做法。阅读是学习最重要的阶段之一，如果孩子没有阅读习惯，即使放在全英语的环境中，尽管用英语去买水果可能没有问题，但是读与写时绝对会产生落差。

后来我才了解到，为什么澳洲许多小学，在孩子年纪还小的时候就开始第二语言的学习。孩子到底几岁学第二语言或第三语言比较好？这种问题从来不会在澳洲的教育界产生争议，原因很简单，小学学习的重点之一应该是培养孩子的阅读能力，阅读能力好，不论几岁开始学第二语言，都会有进步的空间，没有阅读的习惯，即使花再多的钱，有再好的环境，孩子的学习都会相当的辛苦。

这次的惊喜，让我再一次深刻地感受到阅读的重要性。

澳洲著名的儿童与青少年作家艾拉·沃尔什：

在培养孩子们的阅读习惯上，持续与正面的鼓励是最重要的。

阅读家教

阅读带给澳洲人的，是解决问题的能力、自己探索的能力与学习知识的能力，这些能力可以运用在各行各业中，而不仅是在学术行业。

澳洲朋友詹姆士是当地银行通信部门的专案经理，詹姆士的太太莎拉是该行的高级理财专家，夫妇俩的薪水相当优渥，但是相对而言，非常忙碌。詹姆士三十八岁时，年薪二十五万澳币，却已经满头灰发，即使是在圣诞假期的宴会上，仍然不时看到他拿着手机，回答系统上的许多问题。

澳洲的通信系统非常发达，尽管很多人对于澳洲的观念仍然停留在矿业与牧业上，但只要真的用过当地的网络银行系统，就会发现，其设计的亲民程度与普遍度，绝对超过许多以电脑著称的亚洲国家。至少，做保单贷款还款的时候，不需要实体填写划拨单的方式。

詹姆士与莎拉有三个孩子，我认识他们的时候，最小的孩子已经十二岁，最大的已经十六岁。三个孩子，不约而同地，都是品学兼优的好孩子，游泳、钢琴、网球、小提琴、学校功课样样精通。最让我

惊讶的是，三个孩子都有相当好的"解决问题"的能力，遇到问题时，都能自己主动上网搜寻，或是到图书馆阅读，俨然是三个小小科学家。

我常常在想，我的孩子长大后若能够这样就好了。只是我一直很纳闷，夫妻俩忙成这样，孩子是怎么教的？

有一天，我直接问詹姆士："我觉得你的孩子很棒，你怎么教的？"

詹姆士回答："请家教啊，老实说，每个孩子我都给他们请了不错的家教老师，游泳、钢琴、网球、小提琴，加上数学，花了我不少钱。"

"我不是指他们所学的科目，我是指态度，我发现他们都能够自己解决问题。"我继续问。说实话，我欣赏他的孩子，并不是在各种才艺上，而是面对问题时，解决问题的态度与能力，那是跟随孩子一辈子的能力。

詹姆士说："哦，我知道了。每个孩子在六岁到十二岁时，我都请了一个老师陪他们阅读，教他们怎么阅读。优先于他们的才艺课，我最早请的是阅读家教。"

"阅读？这还要请家教？"我惊讶地问。

"为什么不？在孩子的所有能力里，我觉得那是最重要的。"詹姆士回答。

"就是只教阅读，没教别的？"我继续追问。

"只教阅读？用'只'这个字不太恰当哦，在阅读的背后，其实孩子学了不少东西。他们学会了思考，学会了研究，更重要的是学会了自己去解决问题。"詹姆士说。

"陪孩子们阅读其实应该是我们夫妇的责任，如果没有找到这个老师，我想我会请莎拉辞掉工作陪伴他们。"詹姆士继续说。

老实说，请阅读家教在我周围的澳洲朋友中并不多见，因此初次听闻时我会有点惊讶，但后来深入接触澳洲的教育，体会到澳洲教育与环境对阅读的重视后，反而不觉得奇怪了。此外，周围的朋友并没有很高的比例聘请阅读家教，并不是他们不重视孩子的阅读。相反，因为社会福利良好，很多人都会在孩子出生后，由夫妻一方选择辞去工作，或是改做兼职工作，专心陪伴孩子。而陪伴的内容中，很重要的一环就是阅读。

澳洲的教育，从学校与家庭的启蒙教育起，就相当重视阅读。不管是否假日，走进任何一个当地的社区图书馆，绝对会发现图书馆内充满了人。尤其在非假日的时间，在干净舒适的儿童区，会看到很多妈妈带着孩子们一起阅读，或是让孩子们自己找书看，或是陪孩子阅读。另外，非假日的时候，白发苍苍的老人也是图书馆的常客。走一趟澳洲的社区图书馆，真的会发现，从少到老的澳洲人都在阅读。

阅读带给澳洲人的，是解决问题的能力、自己探索的能力与学习知识的能力，这些能力可以运用在各行各业中，而不仅是在学术行业。所以即使是劳动密集度较高的工人，一样有学习能力，能自己阅

读、研发、探索，这其实才是能伴随孩子们一辈子的能力。

身边许多朋友都忙着送孩子们去学才艺，其实有一阵子，内人和我也曾经慎重地思考，要让自己的孩子在功课之余多学习一些才艺。关于送孩子到才艺班的事情，如果老师合适，说实话我们两人都很赞成。但是后来詹姆士的事情提醒了我，优先于孩子的才艺班，我想更重要的，是该让自己的孩子在启蒙时期养成能够阅读、学习与探索的能力。

> **澳洲著名演员、编剧、作家威廉·迈克伊斯：**
>
> 阅读是一件很轻松且容易的事，同时也是我获取信息、学习新知与享受愉悦休闲的钥匙。

尊重不同的教养方式

　　澳洲每个家庭的教育理念都有独特的风格，因此塑造出的孩子，也都有他们的特质，只要在自己的本位上做到就好，不需要特意模仿别人。

　　女儿的同学贝儿和母亲来家里拜访。贝儿的母亲是小学老师，是一位典雅端庄的女性，从外表猜测，我觉得似乎是早期地中海区移民过来的澳洲人。

　　按照家里的习惯，如果是澳籍女士来访，由内人招待，我当听众，如果是男士来访，由我做招待，但是内人得当翻译。所以，不管如何，内人都得出声，而我则在一旁做一个成熟稳重的男人，展现一下沉默的力量。

　　没办法，到了国外生活才会发现，真正困难的英语，不是那些以前在国内背的要死不活的艰涩英语单词，而是当一堆三姑六婆或二叔七伯在一起聚会，天花乱坠地随意谈天时，所冒出来的奇闻逸事里面绝对会有的一堆听得懂也不知道什么意思的英语单词。

贝儿的母亲是一个相当内敛、端庄的女性，从贝儿的身上，也可以看得出她的家庭具有相当好的教养。

吃东西的时候，手一定要端好盘子，要规规矩矩地坐好，双脚不可以叉开，说话的时候轻声细语。说实话，这样的女孩长得又像金发碧眼的洋娃娃一样，还真的颇惹人怜爱。

当大人坐在厨房的餐桌旁聊天时，回头看看我家那个惹祸精，现在正跟贝儿在客厅里看电视。别人家的女儿是正经八百地坐着，一副好儿好女的模样，但是我们家的宝贝，就是会像一只虫一样动来动去，看一次电视会发明出十几种完全不同的看姿。让我印象最深刻的，就是金庸小说《笑傲江湖》中的"平沙落雁式"，因为我们家客厅的茶几是中空的，她会在看电视的同时，逐渐滑下沙发，然后慢慢地扭到茶几下，屁股翘得高高的，然后趴在木头地板上，用手托着腮帮子看电视。我到现在，一直还搞不清楚这个姿势是怎么演化出来的。

孩子其实真的是看着父母长大的，从这对母女身上就完全可以看得出来。贝儿的母亲相当的端庄与规矩，即使在课堂上也是如此，这份特质完全表现在贝儿身上。内人则是相当的活泼，她的课堂也充满了欢笑与阳光，于是造就出一个总是会生出一堆鬼点子的皮蛋。

两个女孩坐在一起，一动一静，一个黑发，一个金发，说实话也很难想象这两个女孩是怎么变成好朋友的。我们大人是真心地喜欢这两个女孩，虽然她们有完全不同的特质，贝儿有点过于柔弱，但是相当知书达礼，女儿有时会过度的调皮，但是相当的正面积极，带给人

很阳光的感觉。

但我想，这两个女孩变成好朋友的原因，是双方的母亲在相处上也相当的融洽，在适宜的教养规范上对自己的教养方式有信心，但同时也相当尊重与欣赏对方的教养方式。

在澳洲人看来，什么是正确的教养规范？是礼貌、尊重、客观、积极、规矩、乐观、喜欢阅读、坚强、创造、弹性、毅力等正面的人格特质。这是大人们应该身体力行并教导给孩子们的，这些特质是必须合乎社会规范的原则。

什么是不同的教养方式呢？根据每个大人的个性与给孩子们的影响，我们会塑造出不同特质的孩子，这是完全没有最好，也没有最坏的分别的。

举例来说，会钢琴和画画的孩子，哪个好？儿童时代顽皮一点好还是规矩一点好？有些人期望孩子做大事，有些人只希望孩子平淡快乐一生，哪个好？因为大人们本身的认知不同而产生的不同的教养模式，似乎就真的没有对与错之分。澳洲每个家庭的教育理念都有独特的风格，因此塑造出的孩子，也都有他们的特质，只要在自己的本位上做到就好，不需要特意模仿别人。

我很尊重贝儿母亲的教养方式，也很欣赏贝儿的温柔与慢条斯理。但是我们的家庭，并不会因为这样就刻意想让孩子去模仿对方。在孩子犯错时，我们会告诉孩子，贝儿的身上有哪些规矩与优点是特别值得学习的。但是，我们不会忘记给孩子一个拥抱，告诉她固然某些规矩需要遵行，某些优点可以学习，但不代表贝儿就是比女儿优秀的孩子。教养孩子，似乎本就是处罚与肯定互相交错的一个过程。

对自己家庭教养方式的肯定与自信，与对别人家庭教养方式的尊重，是在澳洲学到的一种品格。在澳洲的社会，我不能肯定，到底是因为这种对不同家庭教养方式的尊重影响到了澳洲的教育风格，还是澳洲的教育风格塑造出的澳洲人有这种尊重他人的人格，但我能肯定，这份尊重对澳洲人的职业教育有非常大的影响。

澳洲人的父母不会从小灌输给孩子哪种才艺特别好、哪种职业最棒的观念，而是要孩子有自信，做自己。孩子长大后，自然不会有那种非特殊职业不做的偏执与狂傲，自然而然，会在职业选择上多一份客观。这也是为什么，在这个国家，每种职业都拥有它的价值，每个家庭都有它的自信。

澳州政府的教育网站：

　　教育者与父母们应该了解每一个孩子都是独一无二的，每个孩子有不同的身体强度、能力、需要、人格特质与脾气。

烧　烤

　　尊重是一种相当正面的力量，也是一种感染力相当强的力量，它不是由教科书撰写出来的，而是经由大人们的身体力行，然后一代一代地传续下去的。

　　很多人来到澳洲后，常会到便利商店买个东西，或到购物中心吃个简餐后，就直观地判断澳洲的物价贵到爆，于是就开始畅言澳洲生活不容易，这其实并不是很客观的说法。原因很简单，在假日，一般的澳洲人不一定上餐厅消费，很多人喜欢到公园烧烤，免费的，大家只要负责分担食材费即可。

　　绝大多数的澳洲公园都有数座烧烤台，数量依公园的面积而定，小一点的公园两至三座，大一点的七到八座。所谓的烧烤台，其实就像台湾的铁板烧，一座炉台上有一到两块的不锈钢板，大多数的炉台是通电的，只要自备食材，按个钮，连生火都不用，就可以开始烹煮食材。

　　天气好的时候，公园里的烧烤台得提早去占位子，虽然不至于人满为患，但是因为澳洲的公园里公厕、洗手台、烧烤台这三种设施建设得相当完善，而且维护得相当好，因此，不论是在人口拥挤的市中心，还是偏远的地区，到公园烧烤都是很大的享受。

去年女儿的生日，我们就在邻近的公园帮女儿办了一个小型的生日宴会，一边享用烧烤午餐与糕点，一边帮孩子庆生。在公园庆生的好处，是孩子们可以自在地玩耍，大人们也能在旁边各自聊天，只要随时留意一下孩子们，不要超出视线所及，双方都能有各自的空间。

当天天气很好，我们因为准备食材，晚了一点到场，每台烧烤台都有人在使用了。我们选了一台使用者似乎即将离开的家庭，在旁边默默地等待。过了不久，果不其然，这户家庭开始收拾，准备打包离开。当我观察到他们已经打包得差不多妥当，正想上前询问时，却看见男主人叫女儿去隔壁的水龙头处，舀了一大盆水过来，他自己则是拿起铁刷用力刷铁板烧后的油污，因为刚刚烧烤过，铁板仍有余温，很快他们就已经刷洗干净，然后跟我们打声招呼，就把位置让给我们，动身离开了。

由于准备充分，当天，我们着实好好地享用了一顿丰盛的铁板烧。大人们聊得很开心，小孩们也玩得很愉快。

临走，大家开始打包与收拾，女儿带着一伙儿孩子，浩浩荡荡走了过来，向着我们大人说："爸爸，要记得洗锅哦。"

我愣了一下，下意识地问："什么锅？"

女儿指了指烧烤台上的铁板，说："那个啊，你炒菜用的锅啊。"

原来女儿因为词汇量不够，不知道什么是铁板，在她小小的心灵里，只要是煮饭或炒菜用的全都叫锅。

不过说实话，当时我真的感到非常讶异，一个年方六岁的孩子，竟然在我们临走的时候，会懂得提醒大人记得整理好环境。

我故意好奇地问女儿："为什么我们离开时，还要帮忙把锅（铁板）刷洗干净？"

女儿愣了一下，说："吃完饭你本来就应该要把锅刷干净啊，这哪有为什么，刚刚别人的爸爸也有刷锅啊。"

我想，应该是因为之前的澳洲家庭在临走前，还没忘记把铁板刷洗干净才交给我们使用的行为，在孩子的脑袋中留下了很深刻的印象。

关于公德心与尊重这回事，从小到大，每个人都已经看过太多的故事与教科书，但是文字写得再多，真的完全比不上大人们以身作则，在孩子们面前做一个好榜样。对于大人们而言，刷块铁板真的不需要五分钟，却能给一群孩子上一门好课，比任何相关的故事与教科书都好用。

在回程的路上，我想，如果在孩子们天真地问我们要不要刷洗"锅"的时候，我们大人们的回答是"没关系，反正待会儿也没有人用"，那么，我们绝对会给这群孩子上了一门非常负面的课程。

所以，教养真的是一件细腻但是有趣的工作，它是一项持续而且长期的工作，每一天，每一件事，仔细地观察，我们都会发现大人们是持续影响着我们身边的孩子的。

尊重是一种相当正面的力量，也是一种感染力相当强的力量，它不是由教科书撰写出来的，而是经由大人们的身体力行，然后一代一代地传续下去的。当然不是每个澳洲人都如此的干净，但是如今在大量人口涌入的澳洲，环境还能保持相对的干净，还是因为拥有正面力量的澳洲人占了绝大多数。

公众的物品用完后归还原位或恢复原状，是对别人的一种尊重，而保持环境的清洁是对人与环境的一种尊重。我相当感谢之前的澳洲家庭，为女儿上了一堂很好的"尊重"课。

澳州政府的教育网站：

父母们的态度与行为，在帮助孩子们成为一个懂得尊重的人的过程中扮演着很重要的角色。

对比较与竞争的态度

这个国家的人民真的没有什么不同，一样得"争"，一样得"赢"，但是，澳洲人能比较坦然地面对与承认"比较"与"忌妒"的情绪。

女儿是班上唯一的亚洲人，但是出乎意料的是，今年她却是代表班级参加英文诗朗诵的代表。这个结果，引起许多女儿同学的母亲七嘴八舌的议论。

许多金发碧眼的母亲，纷纷在放学的时候跑过来向内人请教女儿学习的状况。有一天，内人和我去接她放学的时候，正好遇到女儿同学葛瑞丝的母亲凯萨琳，她在停车场的接送区看到我们，就跑过来跟我们聊天。

"最近葛瑞丝的心情很不好，她觉得自己很失落。"凯萨琳说。

"怎么了，发生了什么事吗？"内人关心地问她。

凯萨琳说："我想是因为汉娜参加英文诗朗诵比赛的事情。"随后她又继续说："因为汉娜的数学好，英文也好，最近又被老师指派去参加绘画与英文诗朗诵比赛，让葛瑞丝觉得很忌妒，你知道的，小孩子就是这样，尤其她们又是最好的朋友。"

她接着又说："所以我想我应该为葛瑞丝做些什么，帮助我自己的孩子建立信心，你有什么看法吗？"

内人说："你有陪她每天阅读故事书吗？我觉得那是最好的方法。"

凯萨琳想了想，接着说："老实说，没有，你觉得那有帮助吗？有时候葛瑞丝会要求，但你知道的，一旦到了晚上，我就常常累得受不了了。"接着，她带着点腼腆却又坚定地说："但我还是会试试看。"

"当然，我觉得那是最好的方法。"内人鼓励她说。

听到这里，我突然发现，这个澳洲妈妈很棒。她让我觉得很棒的地方，在于她愿意很诚实而且坦然地面对"比较"这个问题，而她选择用很正面积极的方式，来帮助孩子们找出处理"忌妒"这种情绪的方法。父母们应该先检讨自己的行为是否不足，才去比较孩子们的优缺点。

看到了澳洲教育的光明面，也看到了这个国家的许多阴暗面，深入接触了这个国家的教育制度以后，我发现，在这个国家，孩子与孩子之间一样有许多的竞争存在，到了高中后一样得互相比较，才能分出高下，取得好的成绩才能进入大学，要不然就是进入专科就读，学习技能。

当然，因为制度的设计衔接，专科与大学之间的转换跑道相对容易。但是，深入接触过许多澳洲人以后，我发现这个国家的人，一样有人类自然的喜怒哀乐，一样也有人类自然的竞争与比较情绪。但是，这几年，我一直在思索这样一个问题，这个国家的比较与竞争，有什么不同呢？

通过这个母亲，我突然发现我找到了答案。这个国家的人民真的没有什么不同，一样得"争"，一样得"赢"，但是，澳洲人能比较坦然地面对与承认"比较"与"忌妒"的情绪。因为"坦然"，自然会进而寻求问题所在，或是改进的方法，而不是矫揉造作的一脸和善，却一味地呼喊口号，或是找寻借口。

通过这个澳洲妈妈的小故事，我想告诉自己的孩子两件事情。

首先，活在世上，哪个人能够不比较呢？人类从原始时代一直发展到现代，进步的动力之一就是比较与竞争。我不想不负责任地告诉孩子们"不要去比较"，因为那根本是不太可能的事情。我们都希望住在比较干净、比较漂亮的房子里，有比较好的职业、吃比较好的食物，给孩子们比较好的东西……

但是，我希望我的孩子当有一天开始懂得什么是"忌妒"与"比较"的情绪时，她能够用正面积极的态度，坦然地去处理这些情绪。因为坦然地去面对竞争与比较，让人感受到的是磊磊落落的良性竞争，而不是矫揉造作的虚伪。

其次，扪心自问，父母之间可能不拿孩子们互相比较吗？孩子们都是父母的心肝宝贝，当自己的孩子取得傲人一等的成绩时，哪对父母会不高兴、不得意？尽管表面碍于教养不能得意忘形，心里总是会高兴的吧。

然而，在期望自己的孩子成绩卓越、远超同辈之前，父母应该先比较自己的付出，有比别人的父母付出多吗？不要要求孩子学业成绩好，自己却在旁边整天看韩剧；不要要求孩子努力上进，自己却假借应酬之名，拍拍屁股出门打麻将。

我曾经在澳洲看见一位华裔父亲在表演前是怎么教孩子跳舞的，他坐在地上，指挥孩子抬手，指挥孩子举脚，足足"叫"了十分钟，孩子笨拙地听不懂口令，父亲气得当众大骂孩子，最后是内人看不下去，站起身来走过去，当场示范给孩子看，三十秒，孩子就会跳了。

那个父亲很介意孩子的表演，他很怕孩子表演不好，但是他忘了一件事：教育不能只是坐着动一动嘴。

澳洲人能够很坦然地面对比较与竞争这种心态。我很感谢葛瑞丝的母亲，她让我了解到如何处理孩子们面对比较与竞争时的态度，也让我了解到比较与竞争这种心态本身并不讨厌，真正令人不舒服的，应该是裹在"比较"外的那一层层的矫揉造作。

美国著名教养专家与心理学家西尔维亚·里默博士：

　　不要感到抱歉或特意让孩子们不接受竞争，也不要总是让孩子们赢。但当孩子们害怕比较时，别忘记家庭的幽默与父母的笑容是鼓励孩子们面对竞争时最好的帮助。

干净的力量

保持环境的干净，不只是公德心的表现与对别人的尊重，也是对
自己生活的一种尊重。

澳洲有一种力量，我觉得很重要，那种力量叫干净。

澳洲的干净，不仅仅是走在澳洲的大小城镇或市中心所体会到的
环境的干净。我更喜欢的澳洲的干净，是落实在人们的习惯中，给孩
子做好榜样的干净。在澳洲，很多的时候我都在思考一个问题，到底
专业的界线是什么？

修车工人难道不专业？汽车本身是精密的仪器，光要学习它的基
本学问，我觉得那就是一件专业的事，更别提现场在车厂修车，大大
小小的疑难杂症与机械问题，往往都是在考验技师的专业与经验。

卡车司机难道不专业？卡车的操纵可是一件相当需要技巧与心力
的工作，尤其是卡车体积越大，就越需要更高超的技巧与经验。我曾
经接触过在澳洲专门运送矿石与挖矿机械的卡车司机，那种卡车只能
在深夜开，因为体积过大，必须协调警方出面安排时间与人力，一个

零件运送下来常常就是一个大工程。

再者，建筑工人难道不够专业？建筑，自从有人类以来，可都是人生中的一件大事啊。房子的建造、设计图固然重要，但施工现场的临场反应与调度能力，常常才是一所房子顺利建造的关键。

在接触到澳洲的许多职业以后，我突然发现，真正让我觉得专业或不专业的界线，其实就是"干净"，这是一条常常放在教科书里，却很难在现实环境中落实的界线。

修车工人、卡车司机、建筑工人等易弄脏手的职业，在亚洲一般人的认知里，其专业性常常不能与医师、律师、会计师等学术性较强的职业比较。但是，在传统的澳洲人眼中，这些工作之间并没有多大的差异。造成这种现象的原因很简单——干净。这个理由，就好像时下的年轻人不愿意在一家又脏又乱的餐厅工作，却认为在台塑王品工作是高尚的。专业，不在于行业，只在于做得好不好。

走进大部分澳洲的修车坊、卡车公司、工厂，甚至建筑工地，你会很惊讶地发现，这些地方不能说美轮美奂，但至少真的都是相当的干净整齐。工厂和公园的公厕大多不会恶心到让人不想上厕所。

干净，是我在这里感受到的一种非常重要的力量。因为，我认为，在干净的力量背后，总是存在着三个很重要的特质，而这三个特质，将会是影响孩子们一辈子的美德。

第一个特质叫"勤劳"。

要保持环境清洁，最重要的一个特质，我们得教孩子多那么一点

点勤劳。早上起床，花一点点时间与精力，把床铺整理好。五岁时，女儿还不会仔细地叠好衣服，但对于脱下来的制服，至少要求她把衣服在固定位置挂好。随时随地，我们就得多付出那么一点点努力。

第二个特质是"组织的能力"。

在西方人的教育里，要保持环境整洁，除了勤劳，很重要的一件事，就是做好时间管理。时间管理，即使在企业或世界各个商学院名校里，也都是一门很重要的课程。做父母的，如果能够时时刻刻让自己与孩子们记住干净的重要，在每天繁忙的生活里，还能抽空整理自己的环境，不就是最好的时间管理课？懂得干净的孩子，自然能妥善运用自己的时间，做好时间的切割，随时用最少的时间做最大的事。

第三个特质是"尊重"。

在与孩子一起整理环境时，我们喜欢告诉她，把"家"整理干净，不只是让客人感到愉快，这也是亲子间的一种享受。保持环境的干净，不只是公德心的表现与对别人的尊重，也是对自己生活的一种尊重。

我想把这三个特质，分享给我们的孩子。

澳洲教养书《与孩子一起规划》作者尼科尔·艾弗里：

　　良好的计划与管理会让整个家庭都受益。

自豪的小学校长

我一直认为，干净或保持整洁，本身就是一股正面与积极的力量，我喜欢这股力量，也喜欢对这一点看重的环境。

女儿要进小学时，因为内人工作调动的关系我们帮她选了一所学费不高的私立小学。这个学校，并不是当地最出名的学校，但是，经过谨慎考虑后，我们夫妻一致认为，这是最适合我们的学校。

澳洲的私立学校，按照惯例，在申请前校长会对每一个家庭做一个简单的面试。没错，就是面试。面试的对象，除了孩子，还包括孩子的父母。

不要怀疑，就是校长亲自面试，澳洲的学校除了会根据学科分配学科主任外，校务行政方面的工作大都是由校长与行政人员负责，学务与行政的工作分工相当明确。因此，校长往往要分担许多行政方面的工作。

面试的当天，因为内人不便请假，我特地抽空带孩子去参加面试。一起床，我们父女俩马上着装整齐，简单地吃完早餐，比预定时

间还提早了二十分钟出发。

六岁的孩子是非常奇妙的，别看他们平常在父母面前是赖皮加撒娇，但一旦到了正式场合，或遇到不熟悉的人，他们马上就能换一副面孔，摆出一张人畜无害的天使脸孔，完全不像在家里时的一副小霸王模样。

我想是因为我们本身就是一个很简单的家庭，孩子又摆出一副天真无邪的可爱模样，刚好我们又认识该所学校的前校长，到了学校，与校长面谈完后，没什么意外我们就获得了入学许可。

面试完，校长还亲自带我们绕学校一周，简单地介绍学校。因为事先有做功课，对学校也没有太多的问题，我们就告辞回家，完成面试的工作。

"今天的面试怎么样？"内人问。

"他们的厕所很干净。"我不经意地回答。

"厕所很干净？那老师呢？孩子的老师怎么样？"内人继续问。

"我没问，反正我们又不能指定老师，应该都不错吧。"我有点心虚地回答。

"没问老师？那课程呢？他们今年教什么？会遵循新的澳洲国家纲领吗？"内人又继续追问。

"呃，那个稍微问了一下，但也问不到什么具体的事情啊。"我越来越心虚了。

"没问老师？没问课程？那你跟校长都在聊什么？"内人音量已经有点提高了。

"聊什么？聊他们的厕所啊，政府今年补助他们小学一栋新的厕所，挺漂亮的。我在跟校长聊亚洲国家的小学跟澳洲小学的厕所有什么不同。我觉得他们校长对那个新厕所挺骄傲的。"尽管我非常的心虚，但我还是硬着头皮说出了实话。

"我们聊了很多厕所的问题，我觉得校长对这方面蛮重视的。我还不知道，政府对私立小学也有补助啊。"既然说了，就继续这个话题吧。

一直到了当天晚上，当内人问我有关面试与学校的相关问题时，我才猛然发现：整场话题，我跟校长聊的，不是学校的老师，不是学校的新课程大纲，而是学校那个由政府补助、今年新盖的厕所。

我对那个学校的老师与课程大纲其实并不会感到很担心，一方面是我个人认为，孩子的老师与课程其实是学校规划好的，作为家长，既然选择了这所学校，就应该对学校给予一定的信任感。

另一方面，关于教学质量，我们其实已经在事前做过一番功课，才选择这所学校，已经了解到许多该知道的东西。此外，我一直认为，家长对于学校与孩子的课程参与，应该是在孩子的学习开始后，事前太多的追问或者是否校方有太多不实的广告，其实都得在开学后才能了解。

厕所的话题其实是校长先提起的，再加上其实我们对孩子的卫生

习惯与干净，也都颇为重视，因此，就产生了这次的讨论。

其实，我一直认为，干净或保持整洁，本身就是一股正面与积极的力量，我喜欢这股力量，也喜欢对这一点看重的环境。这件事让我想起，多年以前很多人问内人与我，为什么愿意放弃许多已有的东西，来到澳洲从头开始？猛然回首，我才发现，其中的原因就有干净的力量。

澳洲教养专家迈克尔·格罗斯：

父母们正面的思考模式会让他们在教养孩子的过程中避免许多错误与困难。

对清洁的认知

关键的认知不在于脏乱，而在于对职业的认定，澳洲人就把清洁工作认定是有风险与专业的工作，必须是受过训练的大人才能担任。

澳洲的教育非常重视个人卫生问题，个人卫生与干净的观念从幼儿园开始，就已经规划在教育的纲领里面，并在日常生活中执行得相当扎实。

一天，我和小学校长彼得在孩子接送区一起等待孩子们下课。彼得的孩子曾经是内人的学生，今年他的孩子与我的女儿同班，等着等着，我们便闲聊了起来。聊着聊着，我又把话题引到厕所的问题上去，说实话，我个人也认为，那是一件非常重要的事。

"我发现澳洲的卫生教育和台湾很不同。在台湾，在我上小学的时候，得学习扫厕所。"我开始对彼得说。

"什么？让小孩扫厕所？"彼得瞪大了眼睛问。

"是啊，即使现在很多小学已经将扫厕所的工作外包给清洁公司，但仍然有很多人认为，学习扫厕所是一件很重要的事。"我接着说。

"小孩子扫得高兴吗？"彼得狐疑地问。

我愣了一下，原本以为他会问的问题是"小孩子扫得干净吗"，哪知道他劈头就问的是小孩子快不快乐的问题。我想了想，很诚实地回答说："嘿嘿，别的小孩我不知道，但就我而言，我是不喜欢扫。"

"既然你都不喜欢扫，这不会影响你去学校的情绪吗？"彼得问。

"会啊，曾经有一阵子，我因为扫厕所的事，甚至都想逃学呢。"

"那就对了。在这里，我们不让孩子们扫厕所，但是我们相当重视如何教导孩子们保持厕所的干净，像面纸与卫生纸的分类，面纸不能丢进马桶，但是卫生纸没关系，诸如此类的。"彼得说。

"而且，厕所的清洁应该是一件相当专业的工作，这种专业的工作难道不该交给专业的清洁人员吗？"彼得停顿了一下，继续说。

"扫厕所是很专业的工作？"我愣了一下，脱口反问他。

"是啊。你不觉得那是很专业的工作吗？那么多危险的化学药品与清洁剂，小孩怎么可以用？"彼得非常狐疑地反问。

他接着又说："其实，学校曾经有一个小孩扫过厕所，就是3A班的强尼。因为他的卫生习惯非常糟，常常弄得厕所非常脏。后来，为了教他，我亲自戴上手套，先把厕所刷干净，然后也教他戴上手套，体会扫厕所的感觉。"

果然很澳洲，为了教育孩子，校长亲自戴上手套扫厕所。他说得很自然，一点做作的意味都没有。

后来，有一次我在学校上完厕所的时候，适逢清洁公司人员正准备清洁学校厕所。我留意了一下清洁的工具，刹那间我发现我了解彼得所谓"专业"的意思了。一整台推车上，井然有序地挂满了清扫的工具，里面摆满了一罐罐应该是清洁剂与消毒水的药剂，清洁人穿的是亮黄色的制服，虽然已经相当陈旧，但是看得出洗得相当干净。

我不是矫揉造作，告诉大家澳洲是多么的好，职业是多么的平等，实际上，澳洲人，尤其是时下的年轻人，自己也都不喜欢从事清洁的工作。但是当我看到那一车瓶瓶罐罐的清洁剂与化学药品时，我脑中浮现的想法同样是，这些东西小孩不能碰。

因为清洁工作被澳洲人认为是脏乱、有风险、专业的工作，所以，这样的工作如果连大人都不愿意做，又怎么可以把它交给小孩去承受呢？其中，关键的认知不在于脏乱，而在于对职业的认定，澳洲人就把清洁工作认定是有风险与专业的工作，必须是受过训练的大人才能担任。

我后来终于了解到，为什么在跟彼得的对话里多次讨论到干净这个话题时，总是会浮现"专业"这个字眼。认知的不同会产生许多细节的差异，并进而对教育或教养的方向产生很大的影响。而偏偏许多政策或教养的成功与否，就是建立在这些细节的差异上。

> **澳洲麦考瑞大学教育学院教授詹妮弗·鲍威斯：**
> 大人的认知会在无形中不断地影响孩子们。

为什么不行

太小？那才好扫啊。你有没有想过，地小有地小的好处，地大有地大的缺点。虽然人口密度高，但土地面积小，扫地的成本不就比澳洲低很多吗？

强生是从台湾来澳洲短住的好朋友。平常，我们会一起边喝着台湾来的高山茶，一边聊天。

"这里真的很干净，即使是风景区与公园的公共厕所，也不至于脏到你不想上。"强生说，"难得的是，我去过的每个风景点和公园都是差不多干净，人多的地方与人少的地方都一样。"

他是个很喜欢到处露营的人，来这里短住一年半的时间里，最喜欢的事情就是到各地旅游，或是到各个不同的公园野餐或烧烤。我帮他算了一下，将近两年的时间，他到过的风景点加上公园的数目，应该有两百个以上，我想，他的观察应该颇为客观。

"如果台湾的公园或风景区的厕所也都那么干净就好了。"我说。

"那不一样，台湾太小，不像澳洲那么大。人口密度太高，当然容易脏乱。"强生不同意地说。

这只是一次简单的茶会，却在我心里留下很深的印象。

之后，在一次和校长彼得的晚餐里，我和他聊起干净的话题。"我觉得这里的环境很干净，我出生的地方就没办法这样干净。"我说。

"干净？很简单，多扫地就是了。就像学校也一样，打扫干净，久而久之，学生习惯了，就会想维护环境干净。"校长彼得不经意地说。

"那不同，我出生地太小，不像澳洲那么大。人口密度太高，很容易脏乱。"我把强生的话搬到校长彼得前面。

"太小？那才好扫啊。你有没有想过，地小有地小的好处，地大有地大的缺点。虽然人口密度高，但土地面积小，扫地的成本不就比澳洲低很多吗？"校长彼得不同意地说。

"就像澳洲全民网络光纤的政策一样，我们的政府已经承诺了好久，但是一直跳票，为什么？地太大，耗时耗钱啊。还有，你看那些公园，草皮那么大，一割就要一天。"校长彼得接着说。

"因此，我不同意你的观点，你们这一代的大人，如果都有这种'维护干净很难'的想法，那当然做不到。但是，你们应该告诉自己的孩子们，因为我们的人口多，地又这么小，只要每个人能随手清洁，很容易就把环境扫得很干净了。"彼得做了一个结论。

"我曾经去过台湾很多次，很多地方还是很干净、很漂亮的，那表示你们做得到，只是不够重视，推广不够。"

是啊，听完彼得说的那一句话，我突然有醍醐灌顶般的强烈感受，真的做不到吗？不是做不到，只是不够重视吧。

如果我们总是希望居住环境的附近，有干净漂亮的草皮，长辈们可以带着孩子在上面野餐，让孩子尽情嬉戏，不用担心踩到狗屎，那么，就去打扫吧。

如果我们也希望能散步在干净的海滩，享受日光浴，孩子们能赤着脚，尽情地在沙滩上奔跑，那么，就去打扫吧。

如果我们希望到各地旅行，不用担心厕所的干净问题，那么，就去打扫吧。

我们可能希望的很多，但如果我们一开始，就都抱持着"地太小，人太多，所以扫不干净"的想法，那我们的环境将永远不太可能改变，我们的下一代也将永远享受不到这样的生活品质。

干净？很简单，多扫地就是了。这句话真的很简单，却一直在我耳边萦绕。

第一位以十六英尺的小船环绕澳洲大陆的丹麦冒险家汉斯·托斯塔布：

我们的行动决定我们的人生，坐而言，不如起而行。

跋

我一直认为，教育，是一个非常难形容的名词。它被包含在从小开始，直到离开人世的生活中，不只局限于学校单位里教师对学生的传道、授业及解惑，更是涵括了从出生到老年所有生活中的点点滴滴。

写完第一本书《没有教科书：给孩子无限可能的澳洲教育》后，我觉得意犹未尽，还有许多真正的观察与感受，没有在第一本书中揭示与探讨，因此，马上开始着手构思这本书的架构。如果第一本书代表了我对澳洲教育制度与架构的全面观察，那这本书则更深入地看到了澳洲教育在生活上不同的面向，并进而引起了我的反思。

有人问我："为什么教育要写生活呢？"很简单，最近数十年，随着经济的发展，华人社会产生了一股出国留学与移民的风潮，同时，留学生带回来许多教育的改革经验，那些移民后又返回国内发展的人潮也带回许多想当然的新观念。而这些经验与观念，有些对，有些似是而非，有些则是错得一塌糊涂，完全只是个人生活的一点浅见。这些人、事、物勾起了我大学时代的一段回忆。

我自己在大学毕业、准备出国留学前，也像许多懵懵懂懂的学子一样，对出国充满了憧憬。那个时候，只要一有点出国的小问题，马上就跑去找系里海外归国的教授请教问题，也最喜欢听外语补习班里的名师吹嘘他在海外的生活，是如何又是如何。直到自己亲自收拾了行囊，走访海外，才强烈地体会到，路是自己走出来的，别人的经验未必适用自己。

后来才辗转得知，我当年最喜欢请教的那位教授，是拿公费出国的，念博士的六年里，大部分的生活也都只是在学校图书馆与宿舍中度过的。所谓的外语名师，大学都没毕业，拿个专科文凭，就回国开始教起英文来了。这些人给我的经验，当然不适用。

我后来充分地理解到，了解一个国家的教育，绝对不可能只是到国外拿个文凭，喝点洋墨水，就能够通盘了解的。举一个数学的例子来说，很多人到了国外，常常会嘲笑外国人的平均数学很差，尤其是华人，更是往往以自己的数学自豪。但是在这个"外国人数学比较差"的背后，真相是什么呢？是澳洲的高中毕业生，有百分之七十根本不想去念大学，宁愿去拿个两年的技职文凭，学费便宜，又能早点开始工作，薪水都有平均四万到十万澳币的年薪(视产业而定)。不想去念大学，换句措辞强烈一点的，是不屑去念大学，既然不去念大学，我数学好干吗呢？出国多年，客观地观察后，我发现许多诸如此类的事情，这让我知道，其实教育，尤其是澳洲的教育，与生活往往是密不可分的。澳洲的教育体制与社会制度、学校制度结合，融入人们的生活中，对澳洲人产生潜移默化的影响。澳洲社会的许多特质，其实都必须从生活中的各个面向去观察才能认识清楚。

我常在想，如果参考外国的教育到了最后，不能从本质上观察清楚，并进而解决自己在生活上的各种问题，或只是一味地怪责两国风情不同，自己却只是在固有的思维里打转，那不管是出国留学还是举家移民，最后一定是一句话：国情不同，不适合。

这也是为什么虽然这是一本写教育的书，我却选择从生活的角度去撰写。我希望凭借书中不同的故事，将澳洲的教育诚实地展现在华人世界中。

感谢中国青年出版社的出版，让我有机会把澳洲教育的各个面向和这几年的反思，分享给更多人。

（京）新登字083号

图书在版编目（CIP）数据

不在纸上的教育/许云杰著.——北京：中国青年出版社，2015.10

ISBN 978-7-5153-3823-1

Ⅰ.①不… Ⅱ.①许… Ⅲ.①教育研究－澳大利亚 Ⅳ.①G561.1

中国版本图书馆CIP数据核字（2015）第213564号

北京市版权局著作权合同登记 图字：01-2015-1876

本书由木马文化事业股份有限公司正式授权，经由凯琳国际文化代理，由中国青年出版社出版中文简体字版本。非经书面同意，不得以任何形式任意重制、转载。

出 版 发 行：中国青年出版社

社 址：北京东四十二条21号

邮 政 编 码：100708

网 址：www.cyp.com.cn

责 任 编 辑：沈谦 sq-bs@163.com

编 辑 电 话：(010) 57350383

门市部电话：(010) 57350370

印 刷：北京科信印刷有限公司

经 销：新华书店

开 本：700×1000 1/16

印 张：11.5

插 页：6

字 数：130千字

版 次：2015年10月北京第1版第1次印刷

定 价：32.00元